# MINISTERIO

# MUJERES

# El MINISTERIO de MUJERES

Para bendecir la iglesia local

## CATHY SCHERALDI DE NÚÑEZ
### EDITORA GENERAL

B&H
ESPAÑOL
NASHVILLE, TENNESSEE

# CONTENIDO

Angélica Rivera de Peña

# INTRODUCCIÓN

L o que nos movió a escribir este libro sobre cómo empezar un ministerio de mujeres fue una pregunta repetida que escuchamos por parte de las latinas, mientras viajábamos por América Latina e incluso por Estados Unidos: «¿Cómo se comienza un ministerio de mujeres?».

## EL CÓMO

En la iglesia angloamericana existen muchos modelos de cómo hacerlo, pero las latinas no son anglosajonas. Aunque todas somos una familia en Cristo y, por ende, tenemos algunas necesidades comunes, existen diferencias culturales que le dan un sabor diferente al ministerio de aquellas de habla hispana. Debido a que la meta del ministerio es ayudarlas a crecer en la fe y santificar nuestra cosmovisión (Rom. 12:2), es vital saber antes de comenzar dónde se encuentra cada cultura y, para hacerlo, necesitamos saber dónde estamos. Cada cultura tiene su propia cosmovisión, pero aunque sean diferentes, todas están dirigidas por el príncipe de este mundo (Ef. 2:2). Sin embargo, su astucia es tal que presenta el mismo pecado en diferentes formas para impedir que la no creyente pueda ver la gloria de Cristo.

Esto es lo que hace este libro aún más difícil, porque existen muchas y diferentes culturas en América Latina, por lo que no podemos hablar de un tipo de ministerio, sino que cada iglesia necesita evaluar sus fortalezas y sus necesidades, y luego adaptar el ministerio a su propia iglesia. En este sentido, no se trata de «copiar y pegar». Lo que cada iglesia debe hacer es estudiar lo que otras han hecho, para luego adecuarlo a sus necesidades. Para dar un ejemplo, en Estados Unidos, cuando una mujer da a luz, las mujeres en la iglesia se turnan para llevarle comida a la mamá, para que ella no tenga que preocuparse por esta tarea, o algunas van a la casa para ayudar con la limpieza. En República Dominicana, donde vivo, las familias tienen personas de servicio que hacen estas tareas por lo que, a menos que la persona no tenga este tipo de ayuda, no existe esta necesidad. Sin embargo, hay otras necesidades, como por ejemplo, la de ofrecerse a llevar y traer a los niños a la escuela, ya que no hay servicio de autobús como en Estados Unidos y por tanto, esta sí es una opción de servicio.

La idea es evaluar y ofrecer ayuda donde se detecten las necesidades. Sean creativas y no tengan miedo de cometer errores, esto es parte del proceso de aprendizaje; y si nuestras motivaciones son santas y humildes, Dios las usará para nuestro bien y para el bien de la iglesia. Él nos ha dicho en Mateo 7:7-8: «Pedid, y se os dará; buscad, y hallaréis; llamad, y se os abrirá. Porque todo aquel que pide, recibe; y el que busca, halla; y al que llama, se le abrirá» (RVR1960). Y si esto no es suficiente, nos advirtió en Santiago 4:2: «No tenéis, porque no pedís». Vayamos al Señor de la mies para buscar

Su voluntad en todo lo que hagamos. Sin embargo, cuando pidamos, debemos hacerlo con motivaciones santas porque Santiago 4:3 nos advierte: «Pedís y no recibís, porque pedís con malos propósitos, para gastarlo en vuestros placeres».

## EL PORQUÉ

Nunca debe motivarnos que nuestra iglesia luzca bien ni la competencia con otras iglesias. De hecho, como una familia universal, en muchas ocasiones será posible trabajar junto a otras iglesias para hacer un trabajo más efectivo. Nuestra meta primordial tampoco debe ser suplir las necesidades de las mujeres en nuestra iglesia, sino glorificar a Dios en la medida en que lo hacemos.

## EL PARA QUÉ

Jeremías 29:11-13 nos dice: «Porque yo sé los planes que tengo para vosotros —declara el Señor— planes de *bienestar y no de calamidad, para daros un futuro y una esperanza. Me invocaréis, y vendréis a rogarme, y yo os escucharé. Me buscaréis y me encontraréis, cuando me busquéis de todo corazón».* Entonces, nuestro deber es buscar Su propósito. Efesios 2:10 nos asegura que Dios tiene un plan para cada creyente y, por ende, al trabajar en equipo, nos da el plan que Él tiene para nuestra iglesia. Así que nuestra tarea es descubrirlo. Cristo es la cabeza de la iglesia (Ef. 5:23), y según nos instruye 1 Corintios 12:18, Él ha colocado a cada miembro en la iglesia como Él quiere y, por tanto, orquesta la obra en nuestra iglesia local. Trae a quien quiere, porque conoce sus necesidades y las nuestras, y es fiel para enviar a la iglesia a los obreros que necesitamos y a las personas con necesidades que podemos suplir.

Nuestro Señor es infinitamente sabio y es capaz de hacer todo lo que quiere y aún más, como Efesios 3:20-21 nos enseña: «Y a aquel que es poderoso para hacer todo mucho más abundantemente de lo que pedimos o entendemos, según el poder que obra en nosotros, a Él sea la gloria en la iglesia y en Cristo Jesús por todas las generaciones, por los siglos de los siglos. Amén».

## LO PRIMERO

Debemos buscar Su dirección, y la única forma de hacerlo es en oración. El fundamento de todo ministerio es Cristo por lo que, antes de hacer cualquier cosa, debemos orar y dejar que Él nos guíe a través de Su Espíritu. Él está más interesado en utilizarnos que nosotras en realizar lo que Él quiere; por eso no debemos dejar de buscar Su rostro. Romanos 8:26-27 nos asegura: «Y de la misma manera, también el Espíritu nos ayuda en nuestra debilidad; porque no sabemos orar como debiéramos, pero el Espíritu mismo intercede por nosotros con gemidos indecibles; y aquel que escudriña los corazones sabe cuál es el sentir del Espíritu, porque Él intercede por los santos conforme a la voluntad de Dios».

Confiemos en que Él contestará nuestras oraciones en Su tiempo y en Su forma. Evaluar el sí y el no de Dios nos ayuda a reconocer Su camino.

¿De cuáles maneras nos dirige? Como dije anteriormente, lo primero y principal antes de comenzar es ORAR. El único que nos puede dar la sabiduría que necesitamos, la dirección para discernir hacia dónde debemos caminar y luego el poder para realizarlo, es Dios mismo. La forma de comunicarnos con Él es a través de la oración, donde el Espíritu Santo nos dirige como nos enseña Juan 14:26: «Pero el Consolador, el Espíritu Santo, a quien el Padre enviará en mi nombre, Él os enseñará todas las cosas, y os recordará todo lo que os he dicho». Él está más interesado en las mujeres de nuestra iglesia que nosotras, y es el único que conoce las necesidades que ellas tienen y lo que el futuro traerá. El ministerio realizado en nuestras propias fuerzas nunca tendrá el mismo impacto que cuando Dios lo hace a través de nosotras.

## EN SUJECIÓN

Cuando has recibido la confirmación en oración, habla con tu pastor y pide su autorización. Una de las maneras de entender lo que Dios quiere es trabajar con el pastor y con la visión que el Señor le dio para su iglesia. Todas las iglesias tienen la misma misión: glorificar a Cristo a través de la evangelización, el discipulado, ayudar a santificar y animar o estimular a los creyentes para «pelear la buena batalla» y ser fieles hasta el final. Sin embargo, la forma en que cada iglesia la implementa es diferente, y eso lo determina la visión de cada una.

Nosotras debemos trabajar debajo del pastor y junto a él para completar esta misión según la visión que su iglesia tiene, porque Dios tiene un plan no solamente para cada iglesia, sino para cada persona dentro de ella, como dijimos antes al citar Efesios 2:10. Esto es muy importante, porque el ministerio de mujeres no es un ministerio aislado, sino una parte integral de la iglesia, y cada ministerio, incluyendo el nuestro, debe ayudar a completar esa visión.

## CÓMO FORMAR EL EQUIPO DE LIDERAZGO

Cuando ya se tiene la confirmación del Señor y del pastor, debes comenzar a evaluar los dones y las habilidades que encuentras en las mujeres de tu iglesia. Como 1 Corintios 12:18 nos enseña: «Dios ha colocado a cada uno de los miembros en el cuerpo según le agradó». Entonces, si Dios es quien pone a las personas en nuestro camino, y servimos a un Dios de propósito, esa es una forma de reconocer lo que Él quiere que hagamos.

Cuando hemos seguido estos pasos, comenzamos a caminar hacia la meta, para hacer «las buenas obras que Dios preparó de antemano para que anduviéramos en ellas» (Ef. 2:10).

Evidentemente, cada iglesia tiene una misión distinta que dará un sabor diferente a los ministerios. Además, hay muchos factores a considerar para saber cómo realizarlo: el tamaño de la iglesia puede determinar cuántas líderes y cuántos grupos diferentes se requieren. En mi opinión, si solamente necesitas una líder, ella debe ser una persona fácil de abordar, alguien que escucha y busca las opiniones de otras mujeres.

En el interior de la iglesia, se pueden encontrar dones y talentos en diferentes áreas, lo cual te dirigirá a desarrollar subministerios donde las mujeres puedan utilizarlos. Una de las formas que Dios utiliza para dirigirte en Su camino es cuando las necesidades que encuentras dentro y fuera de tu iglesia se alinean con los dones, talentos, oportunidades y pasión que has encontrado en sus mujeres. Efesios 4:12 claramente muestra que *los santos (hombres y mujeres) deben ser capacitados para la obra del ministerio.* Es lógico concluir que las mujeres de una iglesia local, aprobadas por el cuerpo pastoral, estarían encargadas de equipar a otras mujeres como se nos instruye en Tito 2:3-4. El ministerio debe tener un liderazgo, pero la obra del Señor se hace a través de todos los miembros.

En relación con el liderazgo del ministerio, hay muchos factores en los cuales debemos pensar. Por ejemplo, la cantidad de mujeres con el don de liderazgo, con conocimiento bíblico sólido, con madurez espiritual y sabiduría bíblica, pues esto determinará el tamaño y el carácter del ministerio.

## ADAPTA EL MINISTERIO A LAS NECESIDADES DE TU IGLESIA

Si la iglesia es de primera generación, es posible que tengas que formar las líderes antes de comenzar el ministerio. Busca aquellas con el don de liderazgo para trabajar en la doctrina, en la visión de la iglesia y luego en liderazgo femenino bíblico. La efectividad del ministerio se ve afectada cuando las líderes no están de acuerdo en estas tres áreas. Nosotras utilizamos un pacto que las miembros del liderazgo necesitan leer y firmar cada cierto tiempo. Cuando no se está de acuerdo, no importa la cantidad de habilidades, dones o talentos que se tenga, esa es una señal de que Dios no está llamando a esa persona en ese momento. Cuando cada una es lo suficientemente humilde como para aceptar que las sugerencias de las otras pueden ser mejor que las propias y admite sus debilidades y errores, el Espíritu Santo desborda Sus bendiciones sobre el equipo y trae paz (1 Cor. 1:10).

Para el ministerio que ya está funcionando, si alguien trae ideas nuevas, pero no encuentras las personas adecuadas para liderarlas, esto puede ser una señal de que esa idea no es para tu iglesia, o al menos, no todavía. Dios es el único omnisciente y como Él tiene propósito en todo, confiamos en que lo hará cuando y donde Él quiera, y eso es lo mejor.

Hay muchos otros factores que pueden afectar hacia dónde se dirigen y por eso necesitan ser evaluados. Por ejemplo, cuál es el presupuesto disponible y hasta dónde las miembros pueden costear los eventos. Si la iglesia está compuesta de personas de escasos recursos, será imposible traer a una oradora famosa para un retiro, mientras que las iglesias que tienen personas pudientes sí pueden hacerlo. Es necesario que el liderazgo de las iglesias grandes y pudientes no se olviden de las iglesias pobres y las incluyan en sus eventos para la edificación de todo el cuerpo de Cristo.

Otro factor es el rango de edades de las mujeres en la iglesia. Los tipos de eventos para las jóvenes serán diferentes de los de aquellas de la edad dorada, pero debemos incluirlas a todas en el ministerio, y también tomar en cuenta que en los eventos las diferentes edades interactúen, porque cada etapa puede aprender de la otra, edificar y animar a la otra y enriquecer no solamente a los individuos sino a la iglesia entera.

Al evaluar, es necesario entender las diferentes situaciones que predominan en la iglesia, que pueden estar basadas en su historia. Por ejemplo, las iglesias que han tenido divisiones, muchas veces tienen heridas que necesitan ser sanadas, etc. En casos así es vital dirigir el ministerio a ministrar específicamente a esas heridas para traer la sanidad y luego comenzar a ministrar en otras áreas. La realidad es que todos estos factores realmente son oportunidades para oír la voz de nuestro Señor y luego edificar Su iglesia.

## UN POCO DE HISTORIA DEL MINISTERIO EN NUESTRA IGLESIA

En el caso de nuestra congregación, la Iglesia Bautista Internacional (la IBI), la visión del pastor principal era tener una iglesia sin muros, que impactara las vidas de sus miembros y luego que estas vidas cambiadas impactaran la cultura. Vimos cómo las personas que el Señor mandó a la iglesia fueron precisamente aquellas que necesitábamos para llevar a cabo esta visión. Aun antes de llegar a República Dominicana, el Señor hizo entender al pastor principal que el ministerio era para

América Latina y no solamente para una sección en República Dominicana. Sin embargo, varios años después, esto quedó confirmado por las personas que Él trajo a la iglesia.

El Señor ha bendecido a nuestra iglesia con personas que no solamente tienen los dones y talentos sino también la capacidad y el llamado de llevar a cabo esta visión. La iglesia comenzó poco a poco a desarrollar los diferentes ministerios, y esto incluyó el ministerio de mujeres. Dios mandó muchas damas talentosas de todas las edades, muchas con el don de liderazgo, con sabiduría, con habilidades y talentos dados por nuestro Señor, y con amor por Dios y por Su gente, dispuestas a glorificar a Cristo en sus vidas y pasar este legado a otras, y entendimos que debíamos darles la oportunidad de servir. No utilizar estos dones y talentos sería actuar como el siervo malo y perezoso que escondió su talento en la tierra en lugar de invertirlo en el reino de Dios (Mat. 25). Filipenses 2:13 nos enseña: «Dios es quien obra en vosotros tanto el querer como el hacer, para su beneplácito», por lo que nuestro deber es agradar al Señor utilizando a aquellas mujeres que Él nos mandó.

Nuestro ministerio de mujeres ha cambiado a través de los años. Comenzamos conmigo como encargada; sin embargo, siempre quería la participación de otras mujeres. Después de varios años, comenzamos a rotar a la persona encargada, pero nos dimos cuenta de que esto no funcionaba como queríamos. Luego, hicimos un equipo de varias mujeres donde discutíamos y llegábamos a acuerdos para entonces pasar la información a los pastores. Esto funcionó bastante bien durante varios años, pero como se trataba de servicio voluntario, pensamos que podría estar cargando mucho a las mujeres del comité de liderazgo y que nos faltaba incluir a todas las mujeres que servían como líderes en los grupos pequeños. Como pertenecemos a una iglesia grande con muchos y diferentes grupos, el pastor decidió que necesitábamos una mujer que fuera empleada de la iglesia para que pudiera encargarse de dar seguimiento y aplicar las ideas que teníamos.

Ahora tenemos un equipo de mujeres con diferentes niveles de participación. El primer nivel consta de dos de nosotras, ambas esposas de pastores, con la coordinadora del ministerio. Nos reunimos y pautamos las ideas, metas, etc. El segundo nivel consta de varias mujeres, cada una con dones, talentos y habilidades en diferentes áreas para complementarnos y después de decidir hacia dónde queremos ir durante el año. Traemos las ideas a este segundo nivel de mujeres y ellas nos ayudan a refinar y actualizar las ideas. El tercer nivel son las mujeres que trabajan como cabezas de los grupos de estudios bíblicos para mujeres, grupos de parejas junto a sus esposos, consejería, intercesión, ministerio de misericordia, diaconisas, etc. a quienes les compartimos la información para que puedan brindarnos su perspectiva sobre cuestiones que necesitamos mejorar en el ministerio.

Como se puede observar, el ministerio está en constante cambio porque los tiempos, las necesidades y la curva de aprendizaje también cambian. Dios no cambia (Heb. 13:8) pero nosotras, sí. Mientras seguimos buscando Su propósito, vemos los errores y las fortalezas; y seguimos creciendo en Él.

Nuestro deseo con este libro es compartir lo que hemos aprendido y así aportar un grano de arena para ayudar a equipar a nuestras hermanas en la obra que nuestro Señor les ha encomendado. No nos interesa presentarnos como expertas, porque realmente no lo somos, sino como mujeres que quieren honrar a Cristo y usar nuestros dones de una forma que Él sea glorificado en toda la tierra.

En los próximos capítulos, cada uno escrito por diferentes mujeres, entraremos aún en más detalles sobre los diferentes aspectos del ministerio. Oramos para que Dios utilice nuestros escritos para Su gloria y para la edificación de Su iglesia.

Toda la tierra te adorará, y cantará alabanzas a ti, cantará alabanzas a tu nombre. Venid y ved las obras de Dios, admirable en sus hechos a favor de los hijos de los hombres. —Salmo 66:4-5

# Capítulo 1

# ¿QUÉ ES EL MINISTERIO DE MUJERES Y POR QUÉ ES NECESARIO?

*Engrandeced al SEÑOR conmigo,*
*y exaltemos a una su nombre.*

—*Salmo 34:3*

Dios creó a Adán y Eva a Su imagen (Génesis 1:27), y aunque les dio roles diferentes, el propósito de cada uno era representar a Dios en la tierra. Nuestro Dios es infinito, pero nosotros, no. Él tiene todas las virtudes de ambos sexos, masculino y femenino, y como nosotros no somos capaces de reflejar todo lo que Él es, Dios creó dos sexos diferentes, cada uno con diferentes características Suyas; y cuando nos complementamos el uno al otro, el mundo tiene una imagen más completa de Él.

Sin embargo, con la entrada del pecado, algo que era natural antes de la caída —representarlo—, se volvió no solamente difícil, sino imposible, porque el corazón pasó de estar sano a volverse engañoso y la mente se entenebreció, produciendo así una distorsión tal en nuestra manera de pensar, que reflejar a Dios resulta contrario a nuestra naturaleza. Desde entonces, los seres humanos tenemos la necesidad de aprender cómo glorificarlo. Debido a que ahora nos resulta imposible, Dios nos regaló Su Espíritu Santo para morar en nosotros (1 Cor. 3:16) y así darnos la mente de Cristo (1 Cor. 2:16).

Aunque los principios bíblicos son iguales para cada sexo, debido a que somos tan diferentes, la forma de llegar al corazón de las mujeres es distinta a la de alcanzar a los hombres, por lo que el ministerio de mujeres puede ayudarlas en su proceso de santificación en formas más efectivas que las reuniones mixtas. Esto complementará y completará lo que aprendemos en los servicios de adoración del domingo. No estoy minimizando el servicio dominical, sino explicando que nuestro ministerio puede ayudar a las mujeres a poner en práctica justamente la doctrina predicada cada domingo.

Como mujeres, nuestra esencia es la conexión. El Salmo 144:12 nos enseña: «Sean […] nuestras hijas como columnas de esquinas labradas como las de un palacio». La palabra hebrea para columnas es *zavít* que significa «conectadora». Dios nos creó como «Ezer»; es decir, ayuda idónea, y obviamente esto es algo que no puede ser realizado en aislamiento. Por tanto, si limitamos nuestra participación al servicio dominical, nos privamos a nosotras mismas y a la iglesia de bendiciones que Dios quiere otorgar a través de los dones que Él ha puesto en nosotras y por medio del fruto del Espíritu que Él desarrolla en cada uno de Sus hijos.

Entendemos que la cantidad de participación de cada mujer en la vida de la iglesia dependerá mucho de la etapa en que se encuentra y del desarrollo de su familia. Por ejemplo, mujeres con niños pequeños o enfermos, o con miembros de la familia en una etapa donde dependen mucho de nosotras, el tiempo para participar puede ser limitado; pero, primero, no debemos sentirnos culpables por esto; y, segundo, no debemos alejarnos totalmente, porque la necesidad de *koinonía* y la ayuda que las hermanas pueden proveer hace la vida más productiva y placentera. Al igual que los hombres, las mujeres necesitan aprender la sana doctrina y al mismo tiempo saber aplicarla a sus vidas (Tito 2:3-5). Nosotras somos «linaje escogido, real sacerdocio, nación santa» (1 Ped. 2:9) y por esto necesitamos aprender a vivir «de una manera digna de la vocación» con que hemos sido llamadas (Ef. 4:1). Aunque Dios es omnipresente, una de las formas como Él se manifiesta es a través de Su pueblo, y el contacto con las hermanas enriquece nuestra vida cristiana (Heb. 10:23-25).

¿Cuál será la mejor manera de compartir unas con otras mientras aprendemos a vivir para Cristo? ¡Un ministerio de mujeres! Pues nos da una oportunidad de compartir como hermanas en la fe, fundamentadas en nuestra relación común con Cristo y con el propósito de fortalecer la relación con Él y con cada una, mientras pasamos nuestro legado a la próxima generación (Tito 2:3-5).

Si la misión de la iglesia es glorificar a Cristo a través de evangelizar, discipular, ayudar a santificar y animar o estimular a los creyentes para «pelear la buena batalla» y ser fieles hasta el final, entonces necesitamos oportunidades donde podamos cumplir estas funciones. Con una vista panorámica aun superficial, es obvio que cada sexo hace las mismas tareas pero en diferentes formas, por lo cual, proveer oportunidades a cada sexo para hacerlo fortalecerá la iglesia. Las mujeres necesitan tener oportunidades de aprender las Escrituras, donde puedan hacer preguntas, compartir las dudas, confesar y pedir ayuda, y luego aplicar lo que han aprendido. Como cristianas que creen en la complementariedad, las mujeres no solamente pueden, sino que deben contribuir al cumplimiento de la visión de la iglesia en formas en que los hombres no lo harían. Mujeres con doctrina sana y sólida pueden ayudar a los líderes aportando una perspectiva femenina a las diferentes situaciones donde se encuentran.

La palabra griega utilizada para ministerio es *diakonéo* y significa «servir». Así, el ministerio de mujeres es un lugar donde las líderes sirven a las mujeres y, al mismo tiempo, enseñan a otras a servir de una forma bíblica. Aunque tengamos tiempos de entretenimiento, no se trata de un club social, sino de un lugar donde aprendemos a hacer todo para la gloria de Dios (1 Cor. 10:31). Cada una de nosotras aprende a través de leer y estudiar la Palabra, y también por oír las

Escrituras en prédicas y conversaciones, pero cuando vemos en acción todo lo que hemos leído y oído, lo que aprendimos se solidifica en la mente y en el corazón. Es cierto que, en muchos casos, las acciones hablan más que las palabras. El ministerio de mujeres debe crear lugares seguros donde las mujeres heridas puedan encontrar sanidad, aceptación y consejo. Lugares donde las mujeres confundidas o con problemas encuentren a otras que las escuchen, les adviertan, las aconsejen, las fortalezcan, oren por ellas (Sant. 5:16) y caminen junto a ellas atravesando las tribulaciones de la vida (Gál. 6:2). Lugares donde puedan crecer y florecer amistades profundas, vinculándolas para glorificar a Dios (Prov. 18:24). Lugares donde las mujeres puedan identificar sus dones y habilidades y ser equipadas y animadas para usarlos (1 Cor. 12:7). Y finalmente, el ministerio de mujeres debe crear un lugar donde aprender las Escrituras. El ministerio no es un fin, sino una herramienta para ayudar a las mujeres a cumplir el llamado que Cristo tiene para cada una (1 Cor. 12:12).

Como dijimos en la introducción, cada iglesia es diferente, por lo que el ministerio lucirá distinto en cada una. Pueden tener grupos pequeños, retiros, estudios bíblicos, tiempos de oración en grupos grandes o pequeños y diferentes equipos de servicio, como en la escuela dominical, en evangelización, en misiones, cárceles, consejería, cuidado de niños, ministerios para adolescentes, a las personas de la tercera edad, a los enfermos, actos de misericordia, parejas con hijos pequeños, mujeres recién casadas o parturientas, manualidades, etc.

La lista es interminable y dependerá de las oportunidades de servicio que el Señor haya presentado en cada iglesia.

Para resumir, el ministerio debe incluir a todas las edades, sin importar la nacionalidad o estatus económico, brindar oportunidades para aprender la Palabra de Dios (2 Tim. 2:15) y aplicar lo aprendido mediante el servicio (1 Ped. 4:10), el apoyo mutuo (Ecl. 4:10), tiempo para socializar y crear amistades piadosas con otras hermanas (Heb. 10:25), pasar el legado bíblico a la próxima generación (Tito 2:3-5) y evangelizar (Mat. 28:19-20).

Nuestra meta con el ministerio y también de manera personal debe ser glorificar a Dios en todo, ministrando y equipando a otras para glorificarlo a Él, y al hacerlo, estaremos haciendo lo que leemos en el Salmo 86:12: «Te daré gracias, Señor mi Dios, con todo mi corazón, y glorificaré tu nombre para siempre».

# Capítulo 2

# LA TEOLOGÍA DETRÁS DEL MINISTERIO DE MUJERES

## LA TEOLOGÍA

Comenzaremos por establecer a qué nos referimos cuando usamos el termino *teología*. La teología es el estudio de la naturaleza de Dios. Cuando mencionamos la teología detrás del ministerio de mujeres, nos referimos específicamente a articular la unidad de todos los textos bíblicos que nos dan base para desarrollar en nuestras iglesias un ministerio de mujeres. Y para esto, necesitamos dominar lo que nos enseña la Biblia sobre el rol de la mujer en la iglesia y en medio de la comunidad en general.

Hoy en día, vemos cómo incluso los cristianos han tergiversado el rol de la mujer. Por un lado, algunas iglesias le dan a la mujer atribuciones que Dios no le ha asignado, como por ejemplo el pastorado de una iglesia. Por otro lado, hay otras congregaciones que relegan el rol de la mujer a uno de pasividad en su participación en la iglesia.

El llamado a formar la iglesia y a hacer vida de iglesia es tanto para el hombre como para la mujer cristiana. Y si bien no hay ningún capitulo o versículo en la Biblia que nos hable específicamente de la formación de un ministerio de mujeres (así como tampoco lo hay para la escuela dominical, consejería, bodas, etc.), sí encontramos en la Biblia múltiples mandatos de Dios para todos los cristianos —hombres y mujeres— de discipular, ministrar y compartir el evangelio. ¡Nuestro servicio a Su cuerpo se traduce en adoración a nuestro Dios!

La iglesia es el cuerpo unido de Cristo, constituida por todos los creyentes nacidos de nuevo, todos con dones y talentos diferentes para dar a la iglesia una diversidad necesaria para la ejecución de Su obra en la tierra (Rom. 12:6-8; 1 Cor. 12:12-31). Esto lo podemos ver también en Efesios 4:11-12: «Y Él dio a algunos el ser apóstoles, a otros profetas, a otros evangelistas, a otros pastores y maestros, a fin de capacitar a los santos para la obra del ministerio, para la edificación del cuerpo de Cristo». Y Romanos 12:6 nos instruye a que «teniendo dones que difieren, según la gracia que nos ha sido dada, usémoslos».

Y aun cuando con estos versículos buscamos reforzar que el llamado a evangelizar, discipular y ejecutar Su obra en la tierra es dado tanto a hombres como mujeres, no significa que con este impulso a que las mujeres participen en Su obra estemos desplazando el liderazgo masculino. Simplemente, estamos reforzando algo que ya vemos que se practicaba en la iglesia primitiva. Por ejemplo, en Filipenses 4:3, cuando Pablo se refiere a dos mujeres que trabajaron junto a él proclamando el evangelio. Otros pasajes del Nuevo Testamento afirman lo mismo.

Defendemos el llamado que Dios le dio al hombre para liderar en el hogar y en la iglesia y a la mujer a someterse a dicho liderazgo (Gén. 3, Ef. 5, 1 Cor. 11). Lo que planteamos aquí es que todos los mandatos de Dios de que todos Sus hijos se involucren en Su obra nos sirven para sustentar los beneficios de la formación de un ministerio de mujeres.

Aunque claro está, el pasaje que mejor sustenta la creación de un ministerio de mujeres es Tito 2:4-5, cuando Pablo exhorta específicamente a las mujeres mayores a enseñar a las más jóvenes a vivir su femineidad según el diseño de Dios. Anima a que aquellas mujeres de maduras convicciones cristianas puedan alentar a otras más jóvenes en la fe, a desarrollarse en la importante profesión de esposa, madre y administradora del hogar según los lineamientos bíblicos.

Sin faltar el respeto a la autoridad del hombre ni desobedecer los lineamientos dados por Dios para el funcionamiento de la iglesia (1 Tim. 2:11-12), hay diferentes funciones y niveles de liderazgo en los cuales la mujer puede y debe involucrarse, tanto en la casa como en la iglesia. Entre otras, algunas áreas de enseñanza, organización, administración, servicio y oración. El liderazgo bíblico del hombre da espacio a que la mujer pueda involucrarse en la ejecución de las diferentes funciones, sobre todo en lo concerniente al discipulado y la enseñanza de mujeres.

En Proverbios 31:10-31, donde encontramos la descripción de la mujer virtuosa, vemos que ella tenía a su cargo muchas responsabilidades aparte de sus trabajos domésticos. También realizaba tareas en el campo, elaboraba tejidos, confeccionaba ropa y tenía un rol muy importante como maestra y orientadora de sus hijos (Prov. 1:8). Igualmente podemos hacer referencia al rol protagónico de otras mujeres, como la reina Ester y la profetisa Débora en el Antiguo Testamento, así como de la discípula Dorcas (Hech. 9:36) y la diaconisa Febe (Rom. 16:1-2).

Es decir, dentro de la vida de iglesia hay un espacio de servicio y de enseñanza idóneo para ser llenado por la mujer; en especial, instruir en la sana doctrina a otras mujeres para que aprendan sobre la femineidad bíblica, su rol como mujer según el diseño de Dios. Por supuesto, siempre promoviendo la sumisión al liderazgo masculino, desde el marido hasta los pastores (Col. 3:18; Heb. 13:17).

El hombre y la mujer, cada uno por su parte, manifiestan parcialmente diferentes aspectos del carácter de Dios. De ahí que el hombre y la mujer se complementen, desde la cooperación para dar vida a una nueva criatura, hasta cómo afrontar las dificultades de la vida misma. El hombre y la mujer son iguales en valor para Dios, y creados para vincularse a través de una relación de complemento, donde cada uno manifiesta una parte del total del carácter divino.

Nuestro planteo para sustentar la existencia de un ministerio de mujeres en la iglesia no busca apoyar la posición de algunos cristianos que persiguen la igualdad de género, ni promover ideas feministas que han influenciado la iglesia. Defendemos que todo lo que Dios ha creado es correcto (Isa. 45:18-19) y Dios creó al hombre y a la mujer para complementarse. El espacio que promovemos dentro del ministerio de mujeres está en parte orientado a ayudar al liderazgo masculino de la iglesia a promover la formación de una mente bíblica en las mujeres de la congregación.

## EN EL CONTEXTO PRÁCTICO DE LA IGLESIA

Una iglesia sana es aquella que cumple con el requerimiento bíblico de instruir a Sus ovejas en la verdad no alterada del evangelio, promoviendo entre estas un pensamiento bíblico, reflejado en vidas cambiadas por el poder de la Palabra de Dios y el obrar de Su Espíritu Santo (Hech. 11:26). También la iglesia es un espacio donde alabar y adorar a Dios, y tener *koinonía* entre los hermanos; donde todos sus miembros, tanto hombres como mujeres, se sientan apreciados y ministrados en igual medida (1 Cor. 14:26).

Aparte de estas condiciones básicas, comunes a toda iglesia cristiana sana, existen iglesias a las cuales Dios ha querido bendecir con múltiples ministerios que le permiten tener un mayor alcance, tanto hacia dentro de la congregación (por ejemplo, ministerio de consejería, de jóvenes, de adoración), como también hacia la comunidad (ministerio de misericordia, de evangelización, etc.).

El ministerio de mujeres provee un espacio en la iglesia que se concentre en todo esto; sobre todo, que cultive la femineidad bíblica entre las mujeres de la iglesia. El objetivo de un ministerio de mujeres sano debe ser glorificar a Cristo, promover la vida de fe al instruir la verdad de Su Palabra y brindar un espacio para comunión entre las hermanas de todas las edades y condiciones (Hech. 2:47; 2 Tim. 2:2, 15, 3:16-17).

Un ministerio de mujeres centrado en promover Su diseño para la mujer ayudará a que mujeres más maduras y experimentadas en la vida de fe (Tito 2:3) testifiquen a las más jóvenes a qué tipo de conducta Pedro se refiere en 1 Pedro 3:1, cuando llama a las mujeres a ser sumisas a sus maridos y a ganarlos para el reino por su conducta. Proveerá un lugar donde mujeres de diferentes generaciones, todas alineadas con un evangelio puro, puedan edificarse unas a otras (1 Cor. 14:26).

Es bueno enfatizar que para que una iglesia sea considerada buena y sana, no es necesario que tenga un ministerio de mujeres, pues aun sin tenerlo, puede suplir las necesidades de sus ovejas mujeres. No obstante, reconocemos que el ministerio de mujeres, así como muchos otros ministerios que puedan componer una iglesia, ayudan a ir más allá: a poder abarcar, de manera más específica y personal, las necesidades de los diferentes grupos de personas que componen la iglesia.

Solamente con exponernos a la Palabra de Dios, esta es suficiente para transformarnos y equiparnos para vivir la vida que Dios ha diseñado para Sus hijos. Sin embargo, entendemos que el mismo Dios ha permitido que el ser humano alcance ciertos conocimientos científicos que pueden potencializar aún más la buena aplicación de Su verdad a la vida de Sus hijos.

Uno de los puntos que la ciencia ha probado y confirmado a través del tiempo es que la forma de pensar, sentir e interactuar del hombre y de la mujer son marcadamente diferentes. Incluso la ciencia ha probado que la fisiología del cerebro de la mujer y su comportamiento hormonal son diferentes a los del hombre. Y estos descubrimientos y avances a los que el ser humano ha llegado son bendiciones propias de la gracia común de Dios.

Un ministerio dirigido por mujeres con el don de liderazgo y enseñanza, y que a su vez piensan y sienten como mujeres, puede convertirse en un gran apoyo para la iglesia. Las mujeres pueden ser ejemplo para otras mujeres de las instrucciones bíblicas en su rol de hija, esposa, madre, hermana… en fin, de ser mujer. Como sostiene Gálatas 6:6, que las mujeres más equipadas en la Palabra la compartan junto con toda cosa buena con quien le enseña.

Es bueno establecer que este ministerio NO es un espacio que se limita a organizar tardes de té, ni picnics en la iglesia. Su razón de ser es promover la unidad, el crecimiento y el entrenamiento bíblico de las más jóvenes por parte de las más maduras en la fe (Tito 2:3-5). Es decir, tratar de dar respuesta, siempre desde un ángulo bíblico y a la vez práctico, a las diferentes preguntas y retos que enfrenta la mujer en sus diversas etapas.

A lo largo del Nuevo Testamento, vemos cómo en diferentes partes y de diversas formas se exhorta a la mujer a conducirse piadosamente. Y este énfasis específico implica la necesidad de que las mujeres puedan unirse y alentarse unas a otras, principalmente a través de la instrucción, la oración y la aplicación de la Palabra de Dios a sus vidas (1 Ped. 3:3-4).

Un ministerio de mujeres efectivo alienta a esta generación de mujeres a que estudie la Palabra y la transmita a la próxima generación. Y si bien estas interacciones entre las hermanas pueden darse desde un aula de la escuela dominical, compartiendo un café o simplemente al reunirse a orar, es de mucho beneficio cuando esta iniciativa de instruir a las mujeres de la iglesia a pensar y priorizar sus vidas bíblicamente se da dentro de un contexto con mayor estructura y organización, con una misma misión, visión y metas (Col. 3:16).

Por otro lado, como señalamos en otro capítulo, por diseño de Dios, está comprobado que la mujer es más relacional, y disponer de un espacio como el que se supone que provea el ministerio de mujeres le resultará de gran estímulo y favorecerá su mejor integración, ya sea dentro de una iglesia pequeña y más aún en iglesias grandes. La iglesia completa se beneficia cuando puede ofrecer actividades que promuevan la unidad de las mujeres de su iglesia, porque «cuán bueno y cuán delicioso es habitar los hermanos juntos en armonía» (Sal. 133:1, RVR1960).

## LA INFLUENCIA REAL DE LA MUJER DENTRO DE LA IGLESIA

Como ya mencionamos, la mujer y el hombre exhiben diferentes rasgos propios del carácter de Dios, siendo el hombre más fuerte en un aspecto y la mujer en otro. La mujer, por ende, es más amorosa, compasiva y tierna; y, en sentido general, mucho más expresiva emocionalmente. La mujer es más relacional y, por tanto, constantemente busca promover las conexiones interpersonales. Y todas estas cualidades de la mujer puestas al servicio del cuerpo de Cristo pueden ser de gran beneficio para la Iglesia.

De hecho, a lo largo de toda la Biblia, podemos ver cómo la mujer, aun en el ejercicio de su rol como esposa y bajo el liderazgo masculino, puede entorpecer o promover los planes del hombre. Como ayuda idónea, la mujer dentro de la iglesia puede ser una pieza clave para el liderazgo masculino como agente de influencia negativa o de colaboración al promover el carácter de Cristo, desde el núcleo del hogar hasta el cuerpo de la iglesia.

Aun desde el primer libro de la Biblia, podemos ver la preponderancia del rol de la mujer en el desarrollo del plan redentor de Cristo. En Génesis, vemos cómo Eva cooperó negativamente al desviar a Adán a desobedecer los mandamientos de Dios. Por otro lado, observamos a la reina Ester quien, desde su posición de esposa sumisa, pudo influenciar para bien a su esposo, el rey, en beneficio de todo un pueblo. A lo largo de la Biblia tenemos muchos otros ejemplos de mujeres que usaron sus dones y talentos en pos o en contra de la causa de Cristo (Dalila, Rut, Priscila, Ana, Lidia y María, entre otras).

Con todo este último planteamiento acerca de la importancia del rol de la mujer en la historia, lo que queremos es llamar la atención sobre cómo la misma Biblia nos deja entrever lo beneficioso que es tener un ministerio dedicado a evangelizar, equipar y discipular a la mujer de forma que muchas se sumen a vivir para defender y promover el evangelio de Jesucristo.

## LA FEMINEIDAD BÍBLICA

La generación actual es la que más acceso a la información ha tenido. Los temas de machismo, feminismo y diferencias de géneros son ampliamente tratados en las redes, libros y demás fuentes de comunicación. Sin embargo, esta misma generación sufre por la gran ignorancia en relación a temas tan básicos como qué es ser hombre y qué es ser mujer según el diseño de su Creador.

Al compartir meditaciones, reflexiones, testimonios y otras actividades, el ministerio de mujeres debe ayudar a difundir el diseño de Dios para Sus hijas, en sus diferentes roles y etapas. Las diferentes etapas en la vida de las mujeres tienen demandas muy distintas. Las necesidades de una joven adolescente no son las mismas de las de una mujer madura que experimenta el nido vacío, por ejemplo. O las necesidades de una madre soltera a quien le ha tocado criar hijos sola no son tampoco las mismas que tiene una joven que apenas se inicia en la vida matrimonial.

Por ejemplo, la niña necesita ser expuesta a quién es Dios, Sus dones y atributos propios de Su deidad. La joven soltera necesita ser instruida a la luz de la Palabra acerca de lo que significa ser mujer para Dios, de su valor y sus responsabilidades según el diseño divino. Las chicas, mientras más temprano mejor, necesitan entender que para Dios somos diferentes en género, varón y hembra, pero ambos de igual valor, porque a Su imagen Dios nos creó.

Muchas son las mujeres que a lo largo de los años se han levantado activamente para promover y defender el movimiento feminista, incluso hasta llegar a influenciar para mal el seno de la iglesia y aún más el seno familiar. ¡Cuán beneficioso sería un contraataque a esta perversa corriente! Y que esta próxima generación escuche acerca del diseño de Dios para la mujer de boca de mujeres que, con su testimonio de vida, les confirmen que el diseño divino *sí* funciona y ¡que *sí* pueden tener una vida plena al aplicarlo a sus vidas!

Nuestra apariencia, etapa de vida y llamado como mujeres pueden ser diferentes; sin embargo, como hijas de Dios, tenemos un mismo propósito y orden de vida. Un buen ministerio de mujeres debe predicar la Palabra; insistir a tiempo y fuera de tiempo; redargüir, reprender, y exhortar con mucha paciencia e instrucción (2 Tim. 4:2). ¡Todas estamos unidas en el Señor, en quien tenemos una meta de vida en común, la cual es traerle toda la gloria a Él!

El principio detrás de un ministerio de mujeres, y en realidad de cualquier ministerio de la iglesia, debe ser lo que Efesios 4:15-16 nos enseña: «sino que hablando la verdad en amor, crezcamos en todos los aspectos en aquel que es la cabeza, es decir Cristo, de quien todo el cuerpo (estando bien ajustado y unido por la cohesión que las coyunturas proveen), conforme al funcionamiento adecuado de cada miembro, produce el crecimiento del cuerpo para su propia edificación en amor». Claro está, haciendo una salvedad muy importante, el ministerio de mujeres —así como cualquier otro ministerio que tenga la iglesia— debe trabajar mancomunadamente, respetando la misión y la visión de la Iglesia, y sometido al liderazgo de los pastores.

Resumiendo, el ministerio de mujeres debe servir para evangelizar, mentorizar y capacitar a las mujeres de todas las edades de la iglesia a dominar la Palabra y a vivir según ella. Y si el ministerio de mujeres de la iglesia cumple con este cometido, obviamente las familias serán beneficiadas y toda la comunidad se verá impactada. El ministerio de mujeres puede ejercer un efectivo contraataque al feminismo y a todas las corrientes que socavan el buen funcionamiento del diseño de Dios para Sus hijas. Y así, se levantará un batallón de mujeres que puedan presentarse ante Dios como obreras que no tienen de qué avergonzarse, que manejan con precisión Su Palabra (2 Tim. 2:15).

## BIBLIOGRAFÍA:

- J. Ligon Duncan y Susan Hunt, *Women's Ministry in the Local Church: Part 2 The Apologetic,* caps. 4, 9 y 10.
- Mary Kassian, *The Feminist Mistake; Part One: The Philosophical Quake Stage Two: Naming the World,* cap. 8; *Part Two: Shock Waves,* cap. 22.
- John Piper y Wayne Grudem, *50 Crucial Questions and overview of central concerns about Manhood and Womanhood,* preguntas 2, 13, 15, 16, 18, 19.
- *¿Qué espera Dios de una mujer?* Serie Tiempo de Buscar, Ministerios Nuestro Pan Diario

*Capítulo 3*

# EL MINISTERIO DE MUJERES: CÓMO AYUDA AL PASTOR Y LA IGLESIA

No sé si has tenido la oportunidad de estar cerca de la vida de tu pastor. Por la gracia de Dios, yo he tenido el privilegio de estar cerca del mío, y esto me ha dado el beneficio de ser instruida por él, pero también me ha servido para darme cuenta de sus muchas responsabilidades y de la gran carga que lleva por sus ovejas. Llamadas, consejerías, reuniones, planes ministeriales, visitas, múltiples sermones que preparar, entre muchas otras cosas que con gozo lo veo hacer. Su labor no es fácil, su llamado es alto, pero merece ser hecho hasta el cansancio, porque Aquel que hace el llamado es digno y ha dado mucho más.

En las Escrituras, a la iglesia se la llama el cuerpo de Cristo, un cuerpo que Dios ha diversificado con dones y talentos para la gloria de Su nombre y el beneficio nuestro: «Ahora bien, Dios ha colocado a cada uno de los miembros en el cuerpo según le agradó. Y si todos fueran un solo miembro, ¿qué sería del cuerpo? Sin embargo, hay muchos miembros, pero un solo cuerpo» (1 Cor. 12:18-20).

La labor en la iglesia no puede ser hecha por una sola persona. Nos necesitamos unos a otros, y nuestros pastores necesitan de la ayuda de esos dones, talentos, y llamados que Dios en Su gran sabiduría pone en medio de Su iglesia. Dios ha dado diferentes dones y talentos a Su iglesia, pero como bien nos dice el pasaje, hay diversidad de miembros, pero el cuerpo es uno solo. Poder servir con nuestros diferentes dones y talentos se da en el contexto de la unidad.

Una de las áreas que resultan de gran ayuda para aligerar la carga de nuestros pastores y beneficiar el cuerpo de Cristo es el ministerio de mujeres dentro de la iglesia. Por ejemplo, en mi iglesia, el 62,5% de sus miembros son mujeres; es decir, la mayor parte de la membresía. Un ministerio de mujeres, llevado de la manera correcta y fundamentado en las verdades de las Escrituras, puede convertirse en las manos a través de las cuales nuestros pastores alcanzan a este grupo importante de nuestras congregaciones, sin la intención de separar a las mujeres del resto de la congregación, sino de servirlas de maneras específicas a través de los beneficios que aporta tener mujeres sirviendo a otras en distintas capacidades y a través de diferentes áreas.

## ALIGERAR LA CARGA

Los ministerios de mujeres dentro de nuestras congregaciones pueden ayudar a llevar la carga de nuestros pastores y líderes y servir a la iglesia de distintas formas:

### 1. Ayuda en la enseñanza de la Palabra a través del discipulado

Un ministerio de mujeres apropiado provee la oportunidad de que las mujeres puedan recibir discipulado y enseñanza de parte de otras mujeres maduras.

En las Escrituras, podemos encontrar distintos pasajes dirigidos a las mujeres de manera específica, llamándonos a vivir de una manera piadosa. Uno de estos es Tito 2, donde las mujeres son exhortadas a enseñar lo bueno unas a otras: «Asimismo, las ancianas deben ser reverentes en su conducta, no calumniadoras ni esclavas de mucho vino. Que enseñen lo bueno, para que puedan instruir a las jóvenes a que amen a sus maridos, a que amen a sus hijos, a que sean prudentes, puras, hacendosas en el hogar, amables, sujetas a sus maridos, para que la palabra de Dios no sea blasfemada» (Tito 2:3-5).

Este específico llamado implica que las mujeres necesitarán tiempo para estar juntas y enseñarse unas a otras, y aunque esto puede darse de manera informal, el ministerio de mujeres provee el contexto en el que se pueda alcanzar a todas las mujeres de la congregación y brinda oportunidades para que puedan relacionarse unas con otras y que las más maduras puedan instruir en aquello que es bueno, en las verdades de la Palabra.

En este contexto de enseñanza y discipulado a otras mujeres, hay algo más que debemos considerar. Este pasaje de Tito 2, donde las mujeres son exhortadas a enseñar lo que es bueno, fue escrito de manera directa a Tito, quien tenía la labor de transmitir esta instrucción a las mujeres. Esto nos trae el principio importante de que la enseñanza del ministerio de mujeres debe estar bajo el liderazgo de nuestros pastores. El ministerio de mujeres no puede funcionar separado de aquellos a quienes humanamente Dios les ha entregado el liderazgo de la congregación —los pastores—, y no puede funcionar aislado de la visión de la iglesia.

Aunque, como mujeres, debemos recibir de manera principal de parte de la iglesia la enseñanza de la Palabra a través de nuestros pastores, el ministerio de mujeres provee el contexto para cumplir el llamado de que las mujeres enseñen a otras mujeres.

Ahora bien, para que el ministerio de mujeres pueda servir de ayuda al pastor y a la iglesia, es esencial que las mujeres conozcan todo el consejo de Dios. No podemos dar a otras aquello que nosotras mismas no conocemos. No podemos discipular a otras mujeres en las Escrituras si lo único que conocemos son aquellos pasajes que solo hablan de manera directa a las mujeres, mientras ignoramos todo lo demás.

La Palabra misma nos enseña que toda la Escritura fue escrita para nuestra enseñanza: «Porque todo lo que fue escrito en tiempos pasados, para nuestra enseñanza se escribió, a fin de que por medio de la paciencia y del consuelo de las Escrituras tengamos esperanza» (Rom. 15:4). Debemos recordar que como creyentes necesitamos todo el consejo de Dios y aquellas mujeres a las que estamos discipulando lo necesitan también.

Entonces, el ministerio de mujeres es ayuda al pastor y a la iglesia en la enseñanza y el discipulado a otras mujeres en la medida en que sus líderes conocen todo el consejo de Dios, lo enseñan a otras y trabajan sometidas a la autoridad de sus pastores.

## 2. Ayuda en la consejería

Las iglesias son lugares de restauración, llenos de pecadores rotos que necesitan que sus heridas sean sanadas. Además, la sabiduría de Dios es fundamental para distintas situaciones de la vida que requieren que otros nos ayuden a ver la Palabra y a aprender cómo aplicarla en nuestra vida diaria y en medio de diferentes circunstancias.

¿Te imaginas si nuestros pastores tuvieran que dar cada una de las consejerías y servir de guía en sabiduría a cada uno de los miembros de nuestras iglesias? ¿A cada una de las mujeres? ¡Probablemente sería lo único que harían y no darían abasto! En el Antiguo Testamento (Ex. 18), Jetro, el suegro de Moisés, le señaló que él no podía encargarse de atender a cada una de las personas del pueblo que tuviera alguna necesidad de dirección, porque el trabajo era mucho. Entonces, le aconsejó que buscara la asistencia de hombres piadosos que lo ayudaran a llevar estas cargas, y que solo llegaran a él los casos difíciles:

EL MINISTERIO DE MUJERES

Además, escogerás de entre todo el pueblo hombres capaces, temerosos de Dios, hombres veraces que aborrezcan las ganancias deshonestas, y los pondrás sobre el pueblo como jefes de mil, de cien, de cincuenta y de diez. Que sean ellos los que juzguen al pueblo en todo tiempo. Que traigan a ti todo pleito grave, pero que ellos juzguen todo pleito sencillo. Así será más fácil para ti, y ellos llevarán la carga contigo. Si haces esto y Dios te lo manda, tú podrás resistir y todo este pueblo por su parte irá en paz a su lugar. Moisés escuchó a su suegro, e hizo todo lo que él había dicho. —Éxodo 18:21-24

Aunque este pasaje decididamente no fue dado en el contexto del ministerio de mujeres, es una muestra sabia de la realidad y la necesidad de que nuestros pastores reciban ayuda para atender las necesidades de guía y consejería dentro de la congregación y los ministerios para mujeres pueden ser de gran ayuda en aligerar estas cargas. Los discipulados y las distintas reuniones y actividades de mujeres promueven la cercanía a otras mujeres piadosas, lo cual abre la puerta para un acercamiento relacional y la oportunidad de buscar en otras consejería y dirección, y así aligerar la carga de nuestros pastores.

Las mujeres pueden ser de gran ayuda en la consejería, porque hay diferentes situaciones que se entienden mejor de mujer a mujer. Aunque los principios de la Palabra son los mismos, las aplicaciones que podemos traer pueden ser diferentes, y mujeres que aconsejan a mujeres pueden ayudar a entender mejor ciertas situaciones; por ejemplo, en la

38

maternidad, cambios emocionales causados por las hormonas, distintas relaciones desde una perspectiva femenina.

Otra forma en la que el ministerio de mujeres puede aligerar la carga en la consejería es a través de la mentoría, ese proceso en el cual una mujer camina de cerca en la vida de otra para ayudarla a crecer en el Señor en las diferentes áreas de su vida. En ese proceso, se van dando oportunidades de instruir y guiar en sabiduría en el caminar como creyente, y esto, en muchas ocasiones, puede evitar terminar en consejerías ya más formales, porque se puede traer sabiduría para diferentes situaciones a lo largo de esta relación y de este caminar.

La Palabra nos enseña en Gálatas 6:2 a «[llevar] los unos las cargas de los otros, y [cumplir] así la ley de Cristo». El ministerio de mujeres ayuda a la iglesia al cumplir con este llamado de llevar las cargas de otras a través de la consejería y el caminar junto a otras mujeres en mentoría.

### 3. Ayuda alcanzando necesidades

Una vez más, es imposible que nuestros pastores puedan alcanzar las necesidades de cada uno de los miembros de nuestras congregaciones. Como mencionamos antes, los ministerios de mujeres promueven la cercanía entre las mujeres y esto da la oportunidad de ver, conocer y ayudar a las necesidades de otras.

Dios nos diseñó para ser de ayuda, y esto nos permite ver y darnos cuenta de ciertas necesidades en otras que quizás un hombre no vería ni notaría con la misma facilidad.

Dentro de las diferentes congregaciones, hay muchas mujeres que tienen el deseo y el tiempo disponible para extender sus manos y recursos para ayudar a otros que se encuentran en necesidad. El ministerio de mujeres puede proveer la organización y el espacio para que más mujeres puedan alcanzar y contribuir a las necesidades de otros en diferentes áreas.

Visita, ayuda financiera, consolación, ayuda a una madre que acaba de tener su bebé, ayuda a familias cuando la salud de alguno de sus miembros está afectada... en estas y muchas otras áreas, las mujeres pueden ser de ayuda cumpliendo así con el llamado de las Escrituras a cada creyente: «contribuyendo para las necesidades de los santos, practicando la hospitalidad» (Rom. 12:13).

### 4. Ayuda a través de la oración

Una de las grandes necesidades de todo creyente es la oración. No solo que cada uno de nosotros ore por sus propias necesidades, sino que también pueda orar por otros. La Palabra nos enseña y nos da un ejemplo continuo de la oración por otros. Mira algunos de los pasajes que nos hablan sobre la necesidad de interceder por otros a través de la oración:

- **1 Timoteo 2:1-3:** «Exhorto, pues, ante todo que se hagan plegarias, oraciones, peticiones y acciones de gracias por todos los hombres, por los reyes y por todos los que están en autoridad, para que podamos vivir una vida tranquila y sosegada con toda piedad y dignidad. Porque esto es bueno y agradable delante de Dios nuestro Salvador».

- **Romanos 1:9:** «Pues Dios, a quien sirvo en mi espíritu en la predicación del evangelio de su Hijo, me es testigo de cómo sin cesar hago mención de vosotros».
- **Colosenses 1:3:** «Damos gracias a Dios, el Padre de nuestro Señor Jesucristo, orando siempre por vosotros».
- **Filipenses 1:4:** «... orando siempre con gozo en cada una de mis oraciones por todos vosotros».
- **1 Tesalonicenses 1:2:** «Siempre damos gracias a Dios por todos vosotros, haciendo mención de vosotros en nuestras oraciones».

La iglesia es un lugar con personas llenas de necesidades en diferentes áreas, y cada creyente necesita oración. Podemos servir a nuestra iglesia al orar por las necesidades de otros, y mientras lo hacemos, cumplimos con el llamado de la Palabra, servimos a otros, nuestros propios corazones van siendo transformados y vamos cultivando la unidad con otros creyentes a medida que oramos por ellos.

Aunque este llamado a orar por otros es para todo creyente, el ministerio de mujeres puede servir al fomentar que las mujeres puedan llevar las necesidades de otros al Señor en oración. Esto puede hacerse a través de reuniones de oración programadas o al conocer las necesidades de otras mujeres mientras caminamos con ellas.

## MÁS ALLÁ DEL MINISTERIO DE MUJERES

Un ministerio de mujeres no debería buscar únicamente el bien de las mujeres sino de la iglesia completa, «no buscando cada uno sus propios intereses, sino más bien los intereses de los demás» (Fil. 2:4).

Cuando se sirve a las mujeres de una manera bíblica con enseñanza, consejería, atención a sus necesidades y oración, la iglesia completa es bendecida. Mientras las mujeres se animan unas a otras en Cristo, a través de Su Palabra, se van volviendo más piadosas, conectadas en oración a otros miembros de la iglesia y miembros de su familia que se encuentran en necesidad espiritual o física.

Aunque todo lo que el ministerio de mujeres puede hacer resulta en beneficio y ayuda para nuestros pastores y la iglesia completa, no debemos perder de vista el bosque por los árboles.

El propósito principal de estos ministerios debe ser servir a Cristo al servir y amar a aquellos por los que Cristo pagó precio de sangre. No se trata del ministerio de mujeres ni de los pastores; se trata de Jesús, de Su obra, de Su llamado, se trata de honrarlo a Él al servirlo y traer gloria a Su nombre a través de lo que hacemos.

> Con este fin también nosotros oramos siempre por vosotros, para que nuestro Dios os considere dignos de vuestro llamamiento y cumpla todo deseo de bondad y la obra de fe, con poder, a fin de que el nombre de nuestro Señor Jesús sea glorificado en vosotros, y vosotros en El, conforme a la gracia de nuestro Dios y del Señor Jesucristo.
> —2 Tesalonicenses 1:11-12

Que nuestros ministerios para las mujeres honren al Señor mientras honran Su Palabra y sirven a los demás en discipulado, mentoría y consejería, atendiendo y orando por las necesidades de otros para la gloria de nuestro Señor y el servicio de Su iglesia.

# Capítulo 4

# ¿CÓMO LO HAGO? LA LOGÍSTICA EN UN MINISTERIO DE MUJERES

**H**abiendo visto ya la teología o la necesidad del ministerio de mujeres, si tu corazón sigue ardiendo por servir a tu iglesia en esto y Dios te ha abierto las puertas porque cuentas con el apoyo pastoral para esta tarea, es momento de poner manos a la obra.

«¿Por dónde comenzar?», «¿Cuáles son los pasos?» y «¿Qué hay que hacer?» son preguntas válidas que vienen a tu mente cuando se trata de hacer una tarea nueva, y en este caso, crear un ministerio de mujeres.

Lo primero es identificar la cabeza para este ministerio: quién va a trazar o delinear la visión, y luego buscar a las personas que la acompañarán y que abrazarán junto con ella esta visión y las tareas que conlleva.

¿Por qué una cabeza o una directora? ¿Por qué buscar más ayuda en otras mujeres? Dios mismo nos ha modelado el liderazgo y el trabajo en equipo. Guardando las diferencias y aclarando que la Trinidad no está compuesta por varias personas diferentes, sino que es el mismo Dios en tres personas, vemos el ejemplo de cabeza, sometimiento y distribución de trabajo claramente desde ahí. Dios Padre es la cabeza de la Trinidad, y el Hijo y el Espíritu Santo se someten a Él para llevar a cabo la tarea de la redención, santificación y glorificación. Cada miembro de la Trinidad tiene una tarea específica.

Un ejemplo de esto es la salvación del hombre: Dios Padre envió al Hijo (Juan 3:16-17); el Hijo es el que la ejecuta (Mat. 1:21; Juan 4:42; 2 Cor. 5:19); y el Espíritu Santo produce la obra de regeneración en nosotros y es el sello de nuestra salvación (Ef. 1:13-14).

La relación intratrinitaria de nuestro Dios nos sirve de ejemplo para ver mejor la necesidad de una estructura: una cabeza y las manos de ayuda.

Entonces, el primer paso para la formación del ministerio de mujeres es identificar a la directora y que, a su vez, dentro de su iglesia local, ella identifique a las mujeres a quienes Dios ha dotado con dones específicos que la ayudarán a llevar a cabo la tarea.

## ¿CÓMO SELECCIONAR EL EQUIPO?

Cuando se trata de seleccionar un equipo de trabajo, muchas de nosotras tendemos a invitar a amigas, a nuestro grupo o a las mujeres que nos son afines. Aunque esto garantizaría un ambiente de trabajo cómodo y con menor grado de roces y opiniones diversas, el perfil a identificar no es ese. Se necesita buscar mujeres cuyos dones y talentos dados por Dios (Sant. 1:17) sean útiles para llevar a cabo las tareas.

En Romanos 12, el apóstol Pablo habla de la iglesia como el cuerpo de Cristo y nos dice que en ella hay personas que Dios ha dotado con dones diferentes.

Romanos 12:4-8 declara: «Pues así como en un cuerpo tenemos muchos miembros, pero no todos los miembros tienen la misma función, así nosotros, que somos muchos, somos un cuerpo en Cristo e individualmente miembros los unos de los otros. Pero teniendo dones que difieren, según la gracia que nos ha sido dada, usémoslos: si el de profecía, úsese en proporción a la fe; si el de servicio, en servir; o el que enseña, en la enseñanza; el que exhorta, en la exhortación; el que da, con liberalidad; el que dirige, con diligencia; el que muestra misericordia, con alegría».

Enfatizando lo encontrado en esta porción, podemos decir que la Biblia afirma que, dentro de la familia de la iglesia, por medio de Su gracia Dios ha dotado a personas con dones diferentes, lo cual lleva a los miembros a tareas distintas haciendo uso de cada don.

El apóstol compara a la iglesia y sus miembros con el cuerpo humano, y dice que, así como el cuerpo tiene diferentes miembros para hacer varias cosas, así mismo lo tiene la iglesia. Según el tamaño de la congregación y la cantidad de iniciativas que quiera tener el ministerio, será la búsqueda de las mujeres con los dones y talentos adecuados para abrazar junto con la líder la visión que ella ha desarrollado y servir entonces como sus «manos» para su implementación.

## UN VISTAZO A NUESTRO MINISTERIO DE MUJERES

Por ejemplo, dentro del equipo de trabajo de nuestro ministerio de mujeres local (Ezer), las manos que se han integrado han sido elegidas al identificar la necesidad o la tarea y buscar dentro de la congregación una mujer dotada por Dios con la capacidad de servir en esa área. Por eso, si miras a nuestro equipo de trabajo, encontrarás mujeres con diversos dones: mujeres con la habilidad de plasmar una visión y mujeres con la habilidad de llevar a cabo esa misión. Mujeres con habilidades para escribir, mujeres con habilidades para organizar, otras que nos saben llevar a los pies de Dios en oración, otras que son nuestras Bernabé, que nos motivan y animan a otras. También vas a encontrar varios tipos de personalidades y rangos de edades, y eso ha enriquecido enormemente nuestras vidas. Los dones en cada una de ellas hacen posible las diferentes tareas, las diversas personalidades nos han ayudado a practicar el amor incondicional y las distintas edades nos han ayudado a entender cómo piensa cada generación.

## LA LOGÍSTICA

Una vez conformado ese equipo de trabajo, una de ellas debe hacerse cargo de la logística.

¿Qué es la logística? Es el conjunto de medios y métodos necesarios para llevar a cabo la organización; en este caso, de un ministerio de mujeres. Es el área que se ocupa de la coordinación, la planificación y las asignaciones de tareas dentro de un equipo. Coordina la ejecución de las ideas.

Aunque parezca un concepto muy gerencial o administrativo, en las iglesias hay espacio para posiciones de logística; por eso, mi deseo es abundar un poco en lo que llamaría «un enfoque bíblico de la logística».

Aun cuando estemos hablando de logística, la teología no puede faltar. En 1 Corintios 14:26-40, vemos al apóstol Pablo dando instrucciones para ordenar el momento de adoración en la iglesia. Esta porción de 1 Corintios 14 es parte de toda una explicación que da el apóstol sobre el uso del don de lenguas en la iglesia.

Aparentemente, en la iglesia de Corinto había muchos dones y deseos de servir, y Pablo comenzó a dar instrucciones para organizar algo que aparentemente estaba en desorden. Y a manera de resumen y tratando de tomar de esa porción lo que se aplica a nosotras al hablar de logística en un ministerio de mujeres, hay dos principios básicos que podemos extraer:

1) Para edificación: «Que todo se haga para edificación» (v. 26b). Todo lo que se haga, que sea para edificación del cuerpo; es decir, para crecimiento espiritual.

2) Con orden: «Pero que todo se haga decentemente y con orden» (v. 40). Que todo lo realizado obedezca a una estructura, a una metodología, a un sistema. Todo coreografiado, equilibrado, que refleje disciplina e inspire paz.

Ambas cosas persiguen evitar el desorden y mostrar claramente el camino a seguir, tal y como lo dice el versículo 33: «porque Dios no es Dios de confusión, sino de paz, como en todas las iglesias de los santos».

Estos dos principios son el eje alrededor del cual la logística del ministerio de mujeres debe orbitar. Tener presente estas dos instrucciones servirá de parámetro para toda la labor y el esfuerzo que se realizarán en el mismo.

## QUE TODO SEA PARA EDIFICACIÓN

Veamos en detalle el primer principio. ¿Qué es edificar?

En el llano uso de la palabra, edificar es construir. Bíblicamente hablando, cuando se usa la palabra *edificar,* se hace en el sentido de poder aportar al crecimiento espiritual de la persona en cuestión. La iglesia es edificada por medio de la sana enseñanza de las doctrinas de la Palabra de Dios, y esa Palabra se enseña a través de las personas a quienes Dios ha dotado con el don de la enseñanza, y a través de su entrega por medio de los diferentes ministerios de la iglesia; en nuestro caso, el ministerio de mujeres.

La tarea de este ministerio es edificarlas a las mujeres, servirles de apoyo y aliento para que puedan llevar a cabo el rol que Dios les dio. Y el ministerio de mujeres es la ayuda pastoral para comunicar estas verdades de mujer a mujer. Vemos este llamado a edificar mediante los dones en 1 Corintios 14:3-5, 12, 17, 26. Pero no solo Corintios habla de edificación. Este concepto también lo vemos extensamente explicado en 1 Tesalonicenses 5:11: «Por tanto, alentaos los unos a los otros, y edificaos el uno al otro, tal como lo estáis haciendo». Así mismo, Efesios 4:29 nos dice: «No salga de vuestra boca ninguna palabra mala, sino solo la que sea buena para edificación, según la necesidad del momento, para que imparta gracia a los que escuchan». Como podemos ver, la Biblia es consistente en este principio, que es a la vez un mandato y un estímulo a imitar en todo esfuerzo de ministración en que se embarque la iglesia.

## EL PELIGRO DE DESENFOCARSE

Hago mucho énfasis en el tema de la edificación porque he sido testigo de cómo muchos ministerios se han enfocado en entretener a sus participantes y no en edificarlos. De hecho, es más fácil hacer una actividad de entretenimiento que de edificación, porque la primera no requiere de un pensar profundo ni esfuerzo para lograr que el mensaje o la idea produzca crecimiento espiritual en la persona. Por eso, hermana mía, una vez más te motivo a que cada actividad, cada reunión, cada video, cada artículo, cada canción, se piense para edificación.

## UN VISTAZO A EZER

Estas son algunas de las iniciativas que ha tenido el ministerio Ezer para edificar a las mujeres de nuestra iglesia local:

- Reuniones de grupos pequeños. En todo el año, hay dos ciclos de enseñanza en grupos pequeños que se realizan en casas de hermanas que ceden su espacio para poder realizar estos estudios. Cada grupo pequeño tiene una líder encargada de coordinar las reuniones y de enseñar o moderar la discusión del material de estudio. Dicho material es normalmente un libro, pero puede ser cualquier otro que brinde a la líder una clase sistematizada.

- Charlas de verano. Una vez al año, se ofrecen a la iglesia completa por lo menos cinco charlas para mujeres sobre temas relevantes; por ejemplo, cómo lidiar con un esposo inconverso, la relación entre suegra y nuera, la mujer y el trabajo, cómo orar la Biblia, etc. El objetivo es que las mujeres sean instruidas de forma puntual en un tema específico.

- Reuniones de oración. En la medida en que el calendario de actividades de la iglesia nos lo permite, tratamos de realizar al menos cinco reuniones de oración al año. Estas constan de un tiempo de oración en grupo, personal o en pareja, una breve reflexión de un versículo bíblico y adoración. Este es un espacio que nuestras mujeres tienen para poder orar juntas y al mismo tiempo ser ministradas con la predicación de la Palabra y la adoración.

- Artículos en la página *web*. Dios ha bendecido nuestra iglesia con mujeres doctrinalmente formadas y capaces de exhortar a otras por medio de la Escritura. En la reunión de planificación anual, el equipo de trabajo busca tener un tema central a tratar. Por ejemplo, «la sabiduría». Derivados de ese tema, salen todos los subtemas de los cuales se quiere escribir. Logística prepara un calendario de temas y de fecha de entrega de los escritos y lo pasa a las mujeres que han sido elegidas para esta tarea. Los artículos se publican periódicamente en nuestras redes sociales. El objetivo principal es servir en la edificación de nuestras mujeres, pero gracias a la ayuda de la tecnología, las beneficiadas se extienden a otras congregaciones.

- Programa de radio. Cada semana, la directora del ministerio, junto con otras hermanas, prepara este recurso audiovisual para que sirva de edificación en temas sacados de la Biblia.

- Retiros, actividades especiales. Una vez al año, el ministerio prepara un retiro o una reunión especial para las mujeres. Además de la instrucción de la Palabra, el espíritu es poder unirlas en *koinonía* o en comunión unas con otras. También estamos atentas a los eventos especiales como el día internacional de la mujer o el día de las madres para poder llevar en esas fechas la verdad de la Palabra de Dios.

El objetivo de enlistar estos esfuerzos es motivar a la lectora a buscar los dones y talentos que hay en su iglesia para poder hacer estas tareas u otras similares que sean de edificación para la iglesia.

Ahora bien, además de la edificación, 1 Corintios 14, en la versión NTV, nos habla de la forma y nos dice que todo debe de ser «en orden».

## DE MANERA APROPIADA Y EN ORDEN

El segundo principio nos habla del orden. ¿Cómo puede la persona de logística asegurar que todo se haga en orden? El orden es la disposición de las cosas de acuerdo con un plan o un criterio. El orden en logística comienza en las reuniones de trabajo que orquestan el ministerio y terminan en la realización de las actividades de edificación que fueron programadas.

## UN VISTAZO A EZER

Antes de entrar en materia, me gustaría explicarles cómo está compuesto nuestro ministerio. Por la cantidad de colaboradoras que integran nuestro equipo de trabajo, nos vimos en la necesidad de formar lo que llamamos un «comité timón» con mujeres de ese mismo equipo, que no es más que un grupo reducido que comprende tres mujeres del equipo general. En este comité, se enlistan todas las iniciativas a realizar en el año, y las mismas se llevan a la mesa pastoral para su aprobación. Una vez obtenida esta aprobación, ese listado se le pasa al equipo de trabajo para que cada una de las responsables de su área lo ejecute.

Así está comprendido el equipo general de trabajo. Tenemos una directora general, a quien se reportan todas las demás hermanas del equipo de trabajo. En el equipo, tenemos una encargada de asuntos logísticos; otra, del programa de radio; una, de la coordinación de grupos pequeños; otra, de la coordinación de las reuniones de oración; una, de traer ideas a la mesa para las jóvenes, y varias hermanas que apoyan con ideas para la enseñanza y actividades.

## CUIDADO CON EL CAOS

Tal vez parezca lógico, pero déjenme decirles que sabemos que hemos logrado el orden cuando tengamos ausencia de caos. Cuando las funciones y las tareas están bien definidas, las cosas fluyen. Nuestro Dios es un Dios de orden, y debemos imitarlo.

Cada directora debe estar atenta y ver si el caos ha penetrado su ministerio. El caos puede ser producido por algunas de las siguientes razones:

- El equipo de trabajo está compuesto por personas que no tienen el llamado o que no tienen los dones o el tiempo necesario para dedicar a las tareas que se le han asignado. En cada caso, es el deber de la dirección hablar con esa hermana y hacerle ver que quizás esta no sea la tarea a la cual el Señor la ha llamado, o que tal vez no es el momento.

• Al equipo o a la persona se le ha asignado más tareas de las que humanamente se pueden cumplir. En este punto, quisiera detenerme y abundar un poco.

La tentación de agregar tareas, producto de nuevas y buenas ideas, es una constante en el día a día del ministerio. Por eso la directora debe discernir a cuáles decir no y a cuáles decir sí. Pero ¿cuándo sabemos que estamos listas para aceptar una tarea más? Un criterio que nuestro pastor ha transmitido a todo el liderazgo de la iglesia es que abrimos nuevas puertas cuando el Señor de la mies trae el obrero que tiene el llamado y que ha dedicado el tiempo para llevar a cabo esa tarea.

Por ejemplo, en Ezer, detectamos la necesidad de hacer un estudio bíblico para enseñar a hermanas de otro trasfondo bíblico, y supimos que era el momento porque al tocar varias puertas, la provisión de ayuda se encontró, y entonces así le dimos cabida a esa nueva tarea. En nuestro trabajo ministerial, hemos aprendido a orar pidiendo provisión de Dios, a esperar que las cosas se den en el tiempo de Dios y a dar gracias cuando hemos visto que en Su tiempo Su provisión llegó. Sería un gran error y una irresponsabilidad empezar a introducir tareas al equipo sin tener la ayuda necesaria, pues lo único que eso traería es siervas agotadas emocional y físicamente y, con el tiempo, dicho desgaste va a tener un impacto en sus prioridades ante Dios (su relación con Dios, con su esposo, sus hijos y su vida de iglesia).

Entendiendo lo anterior, me gustaría explicar cómo funcionamos en cuanto a programación y logística en Ezer. Es el momento de convocar a una reunión. La directora pone la fecha y logística se encarga de convocar y hacer la agenda. En nuestro caso, estas reuniones se dan cada cuatro meses. El equipo se reúne en un espacio de trabajo apropiado, rodeado de un ambiente que permita la concentración. La encargada de logística procede a hacer una agenda que consta de los puntos que quiere tratar la directora y se le adiciona cualquier punto que quieran plantear las integrantes del equipo concerniente a su área de trabajo. Previo a la reunión, logística se encarga de enlistarlos por prioridad para que los temas más relevantes se traten primero, en caso de que no alcance el tiempo.

En la reunión, la encargada de logística sirve como moderadora de los turnos y del tiempo de participación de las integrantes, para lograr que todos estos puntos se revisen productivamente dentro de la reunión. Luego, una vez asignado el trabajo, logística se encarga de dar el seguimiento y asistir a las encargadas de cada actividad en caso de que sea necesario.

Una vez más, estos son principios que hemos definido y conocimientos que hemos adquirido al ir caminando en esta labor que el Señor ha puesto en nuestras manos. Por lo tanto, cabe tomarlos y aplicarlos como mejor encajen en sus formatos.

En conclusión, el ministerio de mujeres requiere un liderazgo directivo supervisado por un pastor. Esa líder, dentro de los dones y talentos que Dios en Su gracia ha dado a la iglesia, invita a esas mujeres a abrazar junto con ella la visión y a servir con sus manos para que la misma se lleve a cabo.

Todo esfuerzo ministerial —y el de la mujer no es excepción— debe procurar servir de edificación para el cuerpo, corresponderse con la visión trazada y que todo sea hecho en orden, sirviendo con excelencia a nuestro excelente Dios.

*Es mi oración que Dios dote el ministerio de mujeres de tu iglesia con siervas que mantengan su mirada fija en lo verdaderamente importante, y que podamos glorificar a Dios con todo lo que Él ha puesto en nuestras manos. Muchas veces, es un trabajo mecánico, pero el privilegio de ser testigo de primera mano de los resultados lo compensa todo.*

# Capítulo 5

# LA NECESIDAD DE LA ORACIÓN

El propósito del ministerio en la iglesia local es ayudar a cada creyente a crecer en gracia y en el conocimiento de Dios, para que pueda llevarle gloria a Él (Ef. 4:11-16). Vidas llenas de Dios, andando en el Espíritu. Esto no es una excepción para el ministerio de mujeres: necesitamos ver a Dios operar esta transformación en cada hermana; y no lo podemos hacer sin oración.

## EL PROPÓSITO GENERAL DE LA ORACIÓN

Juan Bunyan, desde la cárcel de Bedford, en 1662, escribió: «La oración es abrir el corazón o el alma a Dios en una forma sincera, sensible y afectuosa. Por medio de Cristo, con la ayuda y en el poder del Espíritu Santo, para cosas como las que Dios ha prometido, o que son conforme a la Palabra de Dios, para el bien de la iglesia, sometiéndonos en fe a la voluntad de Dios».

Recordemos que orar es un diálogo, una conversación, una interacción con Dios; no consiste solamente en una lista de peticiones, de palabras o ruegos; es más que eso. Es abrirle nuestro corazón al Señor con sencillez y sinceridad para expresarle nuestro sentir, nuestras necesidades, lo que nos perturba o inquieta, lo que somos y lo que no somos en Él, y lo que quisiéramos llegar a ser; también para decirle lo que nos avergüenza y nos aqueja, confesar nuestras debilidades y fallas, nuestros pecados y ataduras. Es también traerle nuestros planes y propósitos, anhelos, sueños, nuestra alabanza, adoración y gratitud.

Pero por encima de todo esto, está lo más importante: oír con atención lo que Dios está diciéndonos en Su Palabra para saber hacia dónde quiere que caminemos, para hacerlo en obediencia a Su mandato, en sumisión y con agrado. ¿Por qué así? Él es el único que conoce lo que necesitamos; sabe cuáles dones y talentos tenemos, y lo que ocurrirá en el futuro.

Dios usa la oración para alinearnos con Su voluntad y Sus propósitos. Recientemente, nuestro Pastor Miguel Núñez expresaba en un sermón: «Dios usa la oración para ayudarme a rendir mi voluntad a Sus propósitos, y así dejar que el Espíritu tome control de mis acciones». ¡Esto es ser guiados por el Espíritu! En la medida en que una vida se llena del Espíritu (Ef. 5:18) y camina en obediencia, Él gobierna sus pensamientos para que sus oraciones estén en armonía con las Suyas.

Citando a Martín Lloyd-Jones: «La oración es la actividad más sublime del alma humana, y por lo tanto es al mismo tiempo la prueba máxima de la verdadera condición espiritual del hombre. No hay nada que diga tanto la verdad sobre nosotros como cristianos que nuestra vida de oración».

En una de sus obras clásicas sobre la oración, *Purpose in prayer* [El propósito de la oración], el pastor E. M. Bounds dice lo siguiente: «La meta de la oración es ser el "oído de Dios", una meta que solo se puede lograr buscándolo de manera paciente, continua y constante, derramándole nuestro corazón y permitiéndole que nos hable. Solo al hacerlo podemos esperar conocerlo, y cuanto más lo conozcamos, más tiempo pasaremos en Su presencia y descubriremos que esa presencia es un deleite constante y creciente».

## EL ROL DE LA ORACIÓN EN EL MINISTERIO DE MUJERES

Es una bendición tener una iglesia rendida a Sus propósitos, tributando gloria a Su nombre; y esto es posible si el liderazgo asume el reto y la responsabilidad de animar y proporcionar los recursos para que cada creyente se involucre seriamente en su desarrollo y crecimiento espiritual. La comunión con Dios a través de la oración es un camino seguro para que cada cristiano vaya hacia esta meta.

Por lo tanto, es vital la oración si queremos que nuestras vidas —como líder o como mujer que pertenece al ministerio— se encaminen por la senda de la salvación, alcanzando un conocimiento correcto de la Biblia, llevando una vida llena del Espíritu Santo, y manifestando grados de madurez y crecimiento cristianos, a la vez que modelan vidas conformadas a la voluntad de Dios. La oración es fundamental si deseamos que las mujeres se sientan comprometidas con el servicio en las diferentes áreas en la iglesia y apliquen, en su andar diario, los principios y valores cristianos aprendidos.

En nuestro ministerio de mujeres, damos prioridad a la oración porque queremos que toda mujer sea madura en la fe, crezca en el conocimiento de Dios y exhiba el fruto del Espíritu en su vida diaria.

## UN POCO DE TEOLOGÍA DE LA ORACIÓN: ¿CÓMO DEBEMOS ORAR?

Somos hijas de Dios, y ante Su trono, tenemos el oportuno socorro: «Teniendo, pues, un gran Sumo Sacerdote que trascendió los cielos, Jesús, el Hijo de Dios, retengamos nuestra fe. Porque no tenemos un Sumo Sacerdote que no pueda compadecerse de nuestras flaquezas, sino uno que ha sido tentado en todo como nosotros, pero sin pecado. Por tanto, acerquémonos con confianza al trono de la gracia para que recibamos misericordia, y hallemos gracia para la ayuda oportuna» (Heb. 4:14-16).

Venimos pues, con esta seguridad ante el trono de la gracia y oramos:

1. En el nombre de Jesús, permaneciendo en Él y en Sus palabras (Juan 15:7; 1 Juan. 3:22).

*Y todo lo que pidáis en mi nombre, lo haré, para que el Padre sea glorificado en el Hijo.* (Juan 14:13)

2. Con fe (Mar. 11:24).
*Y sin fe es imposible agradar a Dios; porque es necesario que el que se acerca a Dios crea que Él existe, y que es remunerador de los que le buscan.* (Heb. 11: 6)

3. Creyendo que la oración recibirá respuesta (Mat. 7:7-8).
*Y todo lo que pidáis en oración, creyendo, lo recibiréis.* (Mat. 21:22)

4. Invocándolo de verdad y teniendo temor de Él.
*El Señor está cerca de todos los que le invocan, de todos los que le invocan en verdad. Cumplirá el deseo de los que le temen, también escuchará su clamor y los salvará.* (Sal. 145:18-19)

5. Creyendo en el descanso que Él nos prometió a todos los cargados y cansados.
*Venid a mí, todos los que estáis cansados y cargados, y yo os haré descansar.* (Mat. 11:28)

6. Conforme a la voluntad de Dios.
*Y esta es la confianza que tenemos delante de Él, que si pedimos cualquier cosa conforme a su voluntad, Él nos oye.* (1 Jn. 5:14)

7. De todo corazón.
*Me invocaréis, y vendréis a rogarme, y yo os escucharé. Me buscaréis y me encontraréis, cuando me busquéis de todo corazón.* (Jer. 29:12-13)

Con corazones limpios de pecado, habiendo confesado los pecados (Sal. 51:1-4; 139:23-24; Isa. 59:1-2; Juan 9:31; 1 Jn. 1:8-10).

*Si observo iniquidad en mi corazón, el Señor no me escuchará.* (Sal. 66:18)

8. Con un corazón perdonador: habiendo perdonado a los demás sus faltas (Mat. 6:12, 14-15; Mar. 11:25-26).
*... como también nosotros hemos perdonado a nuestros deudores.* (Mat. 6:12)

9. Adorando al Señor para ser transformadas a Su imagen por el Espíritu.
*Pero nosotros todos, con el rostro descubierto, contemplando como en un espejo la gloria del Señor, estamos siendo transformados en la misma imagen de gloria en gloria, como por el Señor, el Espíritu.* (2 Cor. 3:18)

  a) Por quién es Él (Sal. 5:7; 22:27-28; 29:1-2; 95:6; 96:9; Luc. 4:8; Juan 4:23-24; Apoc. 14:7).

  b) Rindiéndole alabanza por Sus obras (Sal. 66:1-20; 100:4-5; 145:1-21; Mat. 6:9b; Heb. 13:15).

  c) Cantándole (Sal. 5:11-12; 100:2; 144:9a; Ef. 5:19-20).

10. Esperando en quietud que nos hable (Sal. 5:1-4; 25:1-3, 4-5, 21; 40:1-3; 130:5-6; Lam. 3:25-26).

  a) Como el silbido apacible con el cual se manifestó a Elías (1 Rey. 19:11-13).

b) Escudriñando la Palabra, que nos habla y nos minis-
   tra (Sal. 19:7-14; 119:1-8, 9-11, 17-18; Mat. 4:4;
   7:24-25; Juan 5:24; 14:23; 2 Tim. 3:16-17).

11. Intercediendo unos por otros, por toda circunstancia
    que se presente en los demás, en la iglesia, en las nacio-
    nes, etc. (Mat. 9:37-38; Rom. 15:30-32; 2 Cor. 13:7, 9;
    1 Tim. 2:1-3).

## ¿POR QUÉ ORAMOS?

a) Porque Dios nos lo ordena: *Orad sin cesar* (1 Tes. 5:17).
b) Porque no quiere que estemos afanosos (Fil. 4:6-7).
c) Porque quiere que estemos fuertes y firmes moral y
   espiritualmente, velando para no ceder ante las trampas
   que vendrán (Mat. 24:42; Mar. 13:33-37; Luc. 21:36;
   1 Tes. 5:6-8; 1 Ped. 4:7).
d) Para no entrar en tentación (Mar. 14:38; Luc. 22:40,
   45-46).

## EL EJEMPLO DE CRISTO

Tenemos el mayor ejemplo de una vida de oración en nuestro
Señor Jesucristo. A pesar de ser el Hijo de Dios, la segunda
persona de la Trinidad, y de Sus días ajetreados, con grandes
presiones, no dejaba de orar e interceder ante el Padre.

Pero con frecuencia Él se retiraba a lugares solitarios y
oraba. (Luc. 5:16)

Levantándose muy de mañana, cuando todavía estaba oscuro, salió, y se fue a un lugar solitario, y allí oraba. (Mar. 1:35)

Después de despedir a la multitud, subió al monte a orar; y al anochecer, estaba allí solo. (Mat. 14:23)

La oración era lo más importante para poder cumplir con Su ministerio: ministrar Su Palabra a tanta gente; en especial, a Sus discípulos, sanar enfermos, liberar a los oprimidos, ir a múltiples lugares, realizar tantos milagros, y mucho más. Antes de tomar cualquier decisión, pasaba mucho tiempo orando al Padre. Por ejemplo:

a) Cuando escogió Sus doce apóstoles (Luc. 6:12-16).

b) En Getsemaní, antes de ir a Su sacrificio, derramó Su alma con gran agonía orando fervorosamente, pero rindió Su voluntad a la del Padre para ir como cordero al matadero y entregar Su vida por nosotros, para salvarnos (Luc. 22:39, 41-44).

Jesús, siendo Dios, caminó en completa dependencia y comunión con el Padre. Así como Él oraba, nos dejó las directrices y un modelo de cómo orar al regalarnos la oración mejor conocida como «el Padre nuestro» (Mat. 6:5-15).

## ¿Y QUÉ DE NOSOTRAS?

¿No crees que, si esa fue la conducta de Jesús, con mayor razón deberíamos vivir en constante oración, rindiendo nuestra voluntad al Señor, dejando de caminar y de decidir en nuestras propias fuerzas y habilidades?

a) Dios anhela tener comunión con nosotras si caminamos en rectitud (Prov. 15:8b).

b) Es imperativo buscar comunicarnos con Dios, pues separadas de Él nada podemos hacer en el ministerio, ni siquiera ser (Juan 15:4-6).

c) En Jeremías 33:3, Dios nos manda que clamemos a Él, pues nos responderá y nos enseñará aun lo que no conocemos.

d) Debemos buscarlo con toda el alma y el corazón cuando estemos en angustia con decisiones del ministerio, y Él se dejará hallar, y oiremos Su voz en Su Palabra, pues es Dios compasivo y no nos abandonará (Sal. 9:10; 34: 4-6; 69:32-33; Isa. 55:6-7; Jer. 29:13-14; Amós 5:4).

Necesitamos orar para crecer, recibir Su poder, ser fortalecidas, alinear nuestras peticiones a la voluntad del Señor, ser dirigidas y transformadas por Su Espíritu Santo, y para llegar a ser verdaderas testigos del Señor Jesucristo, y así poder dirigir a las mujeres del ministerio.

Es menester que, en el ministerio de mujeres, todas estas enseñanzas se conozcan y se pongan en práctica. Son muchas las situaciones que se presentan entre mujeres con necesidades diferentes, por lo que hay que llevarlas a la presencia del Señor y concientizarlas de lo que deben hacer echando mano de la oración como su máximo recurso en medio de sus problemas y dificultades.

A veces, se van en la dirección contraria a la indicada en la Palabra de Dios, y hay que recurrir de nuevo a la oración para que sus pasos sean ordenados. «Por el Señor son ordenados los pasos del hombre, ¿cómo puede, pues, el hombre entender su camino?» (Prov. 20:24). Ante estas circunstancias hay que estar alerta, pues, «hay camino que al hombre le parece derecho, pero al final, es camino de muerte» (Prov. 14:12).

Debemos enseñarles que la nueva vida en Cristo nos llama a no andar más como los gentiles, en la vanidad de su mente, con su entendimiento entenebrecido, excluidos de la vida de Dios por causa de la ignorancia que hay en ellos por la dureza de su corazón (Ef. 4:17-18), sino que, así como hemos venido al Señor, necesitamos transformar y renovar nuestra mente (Rom. 12:2) a través de la verdad (Juan 17:17), para que seamos santificadas en esa verdad (Juan 17:19).

Por ello debemos recordarles lo significativa que es la oración; que en ese capítulo de Juan 17, Jesucristo está orando al Padre no solo por la santificación de Sus discípulos, sino también por quienes creerían en Él por la palabra de ellos (v. 20); y en ese grupo estamos incluidas nosotras.

## ¿CÓMO APLICAMOS TODA ESTA TEOLOGÍA DE LA ORACIÓN AL MINISTERIO DE MUJERES?

Manteniendo una oración constante por el equipo del ministerio y por las mujeres que están bajo su cuidado. Necesitamos la dirección de Dios en todas las decisiones porque nuestros corazones son engañosos, y solo Él los conoce (Jer. 17:9).

La única forma de tener éxito es caminando en el Espíritu (Gál. 5:16) y no cumpliendo el deseo de la carne; tomando conciencia, como dice 2 Corintios 5:17, de que «si alguno está en Cristo, nueva criatura es; las cosas viejas pasaron; he aquí son hechas nuevas». Nuestras vidas deben ser sometidas a la voluntad de Dios, plegándonos a Sus planes, los cuales han sido orquestados para nuestro bien.

Necesitamos orar para que estos planes nos sean revelados y que los aceptemos como buenos y válidos (Jer. 29:11-13).

En conclusión, debemos depender del Señor y Sus designios en oración; y para todo y en todo, conocerlo, buscar Su guía, enseñanza y dirección, en las cuales debemos andar; y como ovejas Suyas que somos, oír Su voz, y seguirlo en obediencia. «Mis ovejas oyen mi voz, y yo las conozco y me siguen; y yo les doy vida eterna y jamás perecerán, y nadie las arrebatará de mi mano» (Juan 10:27-28).

## CÓMO CRECER EN ORACIÓN EN EL MINISTERIO DE MUJERES

Con este fin, en nuestro ministerio de mujeres tenemos espacios para animar y desarrollar la vida de oración de cada mujer:

1. **Equipo de intercesión**: Desde el inicio de nuestra iglesia (hace 20 años), hubo un equipo de mujeres intercesoras, piadosas, comprometidas a orar por nuestros

pastores y líderes, así como la obra del ministerio. Es un grupo cerrado que cumple ciertos requerimientos; hermanas seleccionadas principalmente por su llamado, dones y confirmadas por parte de Dios.

2. Nos reunimos los martes unas tres horas, con el único objetivo de orar por la vida de la iglesia: pastores y líderes de cada ministerio, actividades puntuales en la agenda, los miembros y situaciones particulares, así como por la expansión del reino.

3. Hay otros pequeños grupos más abiertos, pero con igual grado de compromiso y fidelidad, que se reúnen en otros horarios en el templo.

4. Cuando hay una actividad particular en proyecto, tenemos tiempos extras de oración en los cuales participa la congregación, y a veces usamos las redes sociales como instrumento.

5. **Equipo coordinador del ministerio de mujeres:** Se presenta cada propuesta o idea en oración, buscando la dirección de Dios (aprobación o desaprobación).

6. Oramos para discernir las necesidades prioritarias de las mujeres de la iglesia y cómo darles herramientas para suplirlas; por la elección del tema del año; para saber cómo afrontar nuevos proyectos; escoger nuevas líderes; abrir grupos pequeños; responder invitaciones; desarrollar actividades en la iglesia; participar o colaborar con otros ministerios (de nuestra propia iglesia o de otras), etc. ¡No queremos que nada salga de nuestro corazón engañoso!

7. **Reuniones de grupos pequeños:** Siempre escogemos un tiempo para la oración; especialmente por nuestro avance espiritual y por nuestras luchas cotidianas, así como también por otros y por la iglesia.

8. **Reuniones bimensuales de oración en el templo:** Apartamos un sábado en horario de 8 a 10 de la mañana. A este tiempo, lo hemos denominado: «A Sus pies». Se desarrolla alrededor de un tópico previamente escogido en base al tema del año. Reflexionamos en las Escrituras y oramos juntas al Señor. En algunas ocasiones, traemos testimonios del obrar de Dios en nuestras vidas.

La comunión con Dios a través de la oración debe estar formada por las Escrituras; es la forma más segura de conocer Su voluntad y orar como conviene.

«El impulso primario de nuestra oración no debe ser lo que está en nuestro corazón, sino lo que está en el corazón de Dios. Si no pedimos conforme a Su voluntad, Él no nos oye» (1 Jn. 5:14). —Pastor Miguel Núñez

Al orar la Palabra, no solo me encuentro en íntima comunión con Dios, sino que mi mente se renueva (Rom. 12:2), para pensar Sus pensamientos en vez de los míos. Eso ya de por sí es una bendición, pues es un acto de obediencia al Señor (Fil. 4:8). Tratamos de instruir a nuestras hermanas a utilizar esta «ecuación» en la oración, poniéndola en práctica lo más frecuentemente posible. Si oramos por las cosas correctas, enfocaremos nuestras peticiones en lo que pertenece al reino de Dios y nuestro propio crecimiento espiritual.

Si hay algo de lo que estamos seguras es que, tal como dijimos antes, separadas de Él nada podemos hacer (Juan 15:5), y necesitamos al Señor en todo y para todo en el ministerio. Por eso oramos y nos acercamos a Él como nuestro buen Padre. Dios quiere que nos acerquemos en oración, con humildad y sinceridad, sin orgullo ni hipocresía.

Es nuestra oración que los ministerios de mujeres exhiban mujeres llenas del Espíritu Santo, en íntima comunión con Dios y con sus hermanos, y que sean de buen testimonio en sus círculos de influencia para la gloria de Dios y la expansión de Su reino. ¡Amén!

## Capítulo 6

# IDENTIFIQUEMOS EL LIDERAZGO

Cuando hablamos del liderazgo que debe formar un ministerio de mujeres y para mujeres, puede resultar intimidante ser la persona a cargo o tener que encontrar a la persona adecuada para asumir esta responsabilidad. Pero debemos entender, en primer lugar, que no nos referimos a una única persona como encargada, sino a un grupo de creyentes que puedan funcionar juntas para suplir las diferentes necesidades de las mujeres de su congregación e identificar entre ellas a una o más como la cabeza que dé las directrices correspondientes. Deben ser hermanas que hayan mostrado estar comprometidas con su iglesia y que ejerzan algún tipo de servicio.

Aun en el caso de que la iglesia sea pequeña, se debe tratar de formar un equipo, aunque por lo práctico estemos tentadas a manejarnos con un formato más tradicional en el cual una sola persona se encarga de todo. Sin embargo, el trabajo en equipo no solo nos ayuda a crecer en comunión, sino que también permite que se compartan las cargas y responsabilidades que se van a presentar en el camino, y que se pueda tener personas con diferentes dones y habilidades, personalidades distintas, unas más tímidas y otras más abiertas, que están viviendo etapas particulares en la vida. La experiencia de cada una va a ser enriquecedora, pues esas características son necesarias para hacer esta obra debido a que esa misma variedad la encontramos dentro de la congregación.

Este grupo de líderes puede tener cierta movilidad debido a las circunstancias particulares que cada una pueda estar viviendo, como una época con mayores compromisos familiares debido al nacimiento de un bebé, por la carga que pueda representar un nuevo trabajo o un tema de salud que requiere mayor atención, situaciones que pueden requerir un permiso temporal o a veces definitivo del ministerio. Pero también estos cambios pueden deberse simplemente al crecimiento natural que la iglesia esté teniendo, donde haya más mujeres asistiendo, y eso requiera más hermanas involucradas. Sin importar la razón de estos cambios, siempre debemos cuidar de mantener los requisitos que la Palabra de Dios nos exige, porque su estándar nunca es negociable.

Cada vez que en una congregación surge un ministerio que va a impactar vidas, surge oposición, y por eso, junto con las bendiciones también vendrán situaciones difíciles que enfrentar. El liderazgo debe tener la madurez en todos los aspectos para actuar correctamente en el proceso y así dar honra a Dios, pues no debemos olvidar que todo lo que hacemos debe ser para Él y para Su gloria: «Y todo lo que hagáis, hacedlo de corazón, como para el Señor y no para los hombres, sabiendo que del Señor recibiréis la recompensa de la herencia. Es a Cristo el Señor a quien servís» (Col. 3:23-24). «Si, pues coméis o bebéis o hacéis otra cosa, hacedlo todo para la gloria de Dios» (1 Cor. 10:31).

Aquí tienes algunas de las características que debemos buscar entre las líderes que tienen este llamado, y que nos ayudarán a identificar las cualidades de un carácter piadoso por encima de las habilidades que veamos en las personas.

## UN ANDAR DIGNO

«… os ruego que viváis de una manera digna de la vocación con que habéis sido llamados, con toda humildad y mansedumbre, con paciencia, soportándoos unos a otros en amor, esforzándoos por preservar la unidad del Espíritu en el vínculo de la paz» (Ef. 4:1-3).

La petición que hace Pablo en la carta a los hermanos de Éfeso es la misma para todo creyente; es un llamado a comportarse de acuerdo con esa nueva naturaleza que ahora tiene, dando testimonio del fruto del Espíritu y reflejando amor, paciencia, mansedumbre y humildad.

Como mujeres, también encontramos en las Escrituras muchas instrucciones específicas de lo que ese tipo de andar significa en nuestra vida diaria. Hay un llamado a ser sabias, a tener control de nuestra lengua, considerando el daño que podemos ocasionar siendo ligeras al hablar, a ser prudentes y discretas en nuestro vestir. Tenemos instrucciones de cómo se espera que vivamos en los diferentes roles que cumplimos como esposas, madres, hijas, creyentes dentro de una comunidad que es la iglesia, y como ciudadanas. Así también se nos habla del cuidado que deben tener las hermanas mayores en relación a las más jóvenes de instruirlas y afirmar su diseño divino, y al mismo tiempo, ser un ejemplo para ellas.

Todos estos aspectos representan el tipo de vida que somos llamadas a vivir, tanto dentro de la comunidad de creyentes como con los incrédulos, hacia quienes se nos instruye que mantengamos una manera de vivir irreprochable para que no murmuren, sino que den gloria a Dios (1 Ped. 2:12). No podemos lograr nada de esto en nuestras propias fuerzas o con voluntad propia, sino con la gracia del Espíritu de Dios en nosotras, pero ciertamente debe ser evidente una vida que se conduce con dignidad.

## ACTITUD DE SERVICIO Y HUMILDAD

«… sino servíos por amor los unos a los otros» (Gál. 5:13).

Todo líder dentro de la iglesia es, antes que nada, un siervo de Dios, independientemente de lo que haga dentro de su comunidad. Y como tal, su propósito principal es honrarlo a través del servicio a sus hermanos, tal como lo vemos ejemplificado en la vida del Señor Jesús cuando lavó los pies de Sus discípulos (Juan 13:5). En el caso específico que estamos tratando —el ministerio de mujeres— nos referimos a un grupo de hermanas que tienen una disposición y un llamado a servir a las mujeres de su congregación, que tienen un amor y una carga especial por este grupo, que están atentas a sus necesidades espirituales y emocionales, que entienden la diversidad de mujeres que son parte de la congregación, cada una con una historia personal, con trasfondos socioeconómicos y etapas de la vida diferentes; por tanto el reto es que este ministerio apunte a cubrir todas estas necesidades.

El servicio está íntimamente relacionado con una actitud de humildad, no solo por la necesidad de reconocer en todo momento que es por la gracia de Dios que uno está en ese lugar, sino también por lo que Filipenses 2:3 nos exhorta: «Nada hagáis por egoísmo o por vanagloria, sino que con actitud humilde cada uno de vosotros considere al otro como más importante que a sí mismo». Este verso no solo es una advertencia para actuar con humildad, sino a considerar las motivaciones que podamos tener en nuestro corazón al servir. No debemos hacer las cosas por rivalidad o por vanidad, sino con humildad. Hay una tentación muy humana de creer que estamos como líderes porque lo merecemos o porque nadie podría hacer lo que estamos haciendo, cuando en realidad debemos reconocer que tenemos diferentes dones solamente según Su gracia que nos es dada (Rom.12:6) y con el único propósito de poder ser de bendición para la iglesia (Ef. 4:12).

El liderazgo nunca debe ser una plataforma que apunte a las personas, sino que siempre dirija la atención y la gloria hacia Dios.

Como mencionamos anteriormente, cada hermana está dotada de ciertas habilidades y fortalezas necesarias para servir dentro del ministerio; algunas pueden ser más visibles que otras, pero todas son importantes. Por ejemplo, hay hermanas que tendrán un don evidente en cuanto a organización y logística, lo cual será muy necesario en el momento de realizar efectivamente las diferentes actividades planeadas. Otras serán más fuertes en la oración o en la enseñanza, o tendrán una habilidad para visualizar metas a largo plazo y mantener a todas las demás enfocadas en esa dirección. En estos tiempos donde el conocimiento y la destreza en el uso de las diferentes redes sociales es una herramienta para divulgar el evangelio, también se hace necesario que contemos con hermanas que tengan la habilidad para manejar estos recursos. Cada uno de estos dones ejercidos con mansedumbre y humildad serán para bendición del ministerio y para el fortalecimiento de la iglesia. Es de gran bendición hacer aquello para lo cual Dios nos ha llamado y nos ha equipado.

## MANTENER LA UNIDAD

«Esforzándoos por preservar la unidad del Espíritu en el vínculo de la paz» (Ef. 4:3).

Al ser parte de este equipo, cada hermana debe tener una disposición de mantener la unidad, evitando en todo momento ser un agente de división y de conflicto, y ser más bien un instrumento de paz y reconciliación. Hay una intencionalidad para manejar nuestras relaciones dentro de un marco de respeto, de armonía y consideración las unas por las otras (Fil. 2:4b); esto implica, entre otras cosas, saber escuchar opiniones diferentes a las que uno pueda tener. No todas evaluamos las situaciones de la misma forma, ni vemos los mismos aspectos que otra persona pueda ver; por eso es importante valorar lo que otra hermana diga, aunque luzca diferente a mi forma de pensar. Justamente esas diferencias, bien manejadas, pueden enriquecer el trabajo dentro del ministerio.

Mantener la unidad también implica aceptar y reconocer cuando se le señale alguna falta y acepte corregirla; esto refleja un corazón manso y enseñable. En algún momento, todas podemos ser confrontadas por actitudes o decisiones que hayamos tomado y que no hayan sido las más correctas, porque estamos siendo moldeadas constantemente para reflejar cada vez más la imagen de Cristo y menos nuestra propia naturaleza pecaminosa.

Por otro lado, también debe haber libertad y confianza para expresar debilidades o necesidades particulares que estemos atravesando. Santiago nos llama a confesar pecados unos a otros y a orar unos por otros (Sant. 5:16). Poder ser sinceras y auténticas dentro del grupo fortalece los lazos como hermanas en Cristo y evidencia la necesidad que todas tenemos de apoyo, solidaridad y amistad, al mismo tiempo que nos permite orar por esas necesidades particulares que se han expuesto.

Mantener la unidad también implica estar de acuerdo en la visión que el ministerio ha definido. Como grupo, se ha establecido la visión y la misión del ministerio y las metas a corto y a largo plazo que se quieren alcanzar, pero para esto, se espera que todas se esfuercen en la misma dirección, porque si no estamos de acuerdo, no podremos caminar juntas (Amós 3:3).

Todas estas características revelan una disposición a velar por el bien común más que por intereses personales. «No buscando cada uno sus propios intereses, sino más bien los intereses de los demás» (Fil. 2:4). En la medida que siempre tengamos presente que somos parte de un mismo cuerpo y que el llamado principal que tenemos es glorificar a Dios, entonces podremos hacer a un lado cualquier deseo egoísta o actitud orgullosa.

## UN TESTIMONIO PROBADO

«… sed vosotros santos en toda vuestra manera de vivir» (1 Ped. 1:15b).

Lo siguiente que debemos recordar es que es un llamado que demanda una vida en santidad, tanto delante de Dios como de los hermanos. Cuando hablamos de una vida íntegra, no nos referimos a una vida perfecta, porque sabemos que vamos a pecar, pero 1 Juan 1:9 dice qué hacer cuando pecamos: «Si confesamos nuestros pecados, Él es fiel y justo para perdonarnos los pecados y para limpiarnos de toda maldad». No podemos dejar que nuestros pecados dejen de dolernos, porque eso nos hará insensibles espiritualmente. La confesión delante del Señor debe ser parte normal de nuestro caminar como creyentes.

La integridad puede definirse con términos como «entero», «completo» o «perfecto». El único que vivió reflejando estas características al 100% fue Jesús, y nos podemos sentir amedrentadas por no cumplir con este estándar. Pero como creyentes, nos referimos a una vida en la que debe haber congruencia entre la fe que se profesa y lo que se refleja con las acciones, y eso es algo que debemos buscar cumplir. Nos referimos a una mujer que busca vivir haciendo lo correcto de acuerdo a la Biblia, que tiene el deseo sincero de obedecer los mandatos del Señor en los diferentes aspectos de su vida: ejerciendo una buena mayordomía en el uso de sus recursos, de su tiempo, con su familia, en el trabajo, en la iglesia, en cómo maneja sus luchas y sus debilidades, sus tiempos de bendición o sus tiempos de dificultad; una mujer que busca vivir lo más genuinamente apegada a la Palabra de Dios.

No existe una separación entre asuntos religiosos y asuntos seculares; debemos actuar de la misma forma cuando estamos dentro de la iglesia como cuando estamos fuera de ella, y exhibir el mismo comportamiento independientemente de dónde nos encontremos o las actividades regulares que hagamos durante la semana. Nuestros parámetros para tomar decisiones deben ser los mismos si se trata de un tema de trabajo, la compra de una casa o las vacaciones familiares que si fuera algún asunto ministerial. Hacer lo contrario sería vivir con un doble estándar, y eso es hipocresía, la cual debemos rechazar por completo, porque no solo es contraria a lo que dice la Biblia, sino que daña tanto al grupo como la obra del ministerio.

La integridad está muy ligada a la obediencia a las Escrituras. Cuanto más conocemos de ellas, mayor compromiso tenemos de cumplirlas y, al hacerlo, evidenciamos primeramente nuestro amor hacia Dios (Juan 14:21). El liderazgo no debe olvidar que las acciones hablan del carácter que tiene esta persona y es el testimonio visible que se da a las hermanas que están alrededor. Resulta muy lamentable cuando lo que se enseña en público no se practica en privado, o cuando el liderazgo no vive lo que exige a las hermanas de la iglesia.

Es una realidad que todas tenemos luchas y debilidades en nuestro diario vivir, pero aquellas que están sirviendo tienen un mayor compromiso de reflejar un carácter cristiano genuino.

## LA MADUREZ

Si bien es cierto que como creyentes todos seguimos creciendo y siendo conformados a la imagen de Cristo, como dice Pablo en Filipenses 3:12-14: «No que ya lo haya alcanzado o que ya haya llegado a ser perfecto [maduro], sino que sigo adelante [...] hacia la meta». Entendemos que quienes sirven en un ministerio de mujeres deben reflejar madurez espiritual en las siguientes áreas:

• En su forma de pensar. Romanos 12:2 nos dice: «Y no os adaptéis a este mundo, sino transformaos mediante la renovación de vuestra mente, para que verifiquéis cuál es la voluntad de Dios: lo que es bueno, aceptable y perfecto». Y 1 Corintios 14:20 nos exhorta: «en la manera de pensar sed maduros». ¿Cómo podemos evitar ser moldeadas por lo que dice la cultura? ¿Cómo podemos defender lo que creemos frente a tantas mentiras y confusiones que estamos viviendo?¿Cómo saber cuál es la voluntad de Dios? Esto se logra siendo diligentes en el estudio de lo que Dios ha dicho en Su Palabra y su aplicación en nuestras vidas. Todo lo más relevante que necesitamos conocer para nuestra vida presente y futura, Dios lo ha revelado en las Escrituras. No podemos servir dignamente si en primer lugar no buscamos conocer a Dios y Su Palabra. El estudio de la Palabra y la oración son disciplinas que no deben descuidarse. Como parte del ejercicio del ministerio, deberemos lidiar con mujeres que vienen con ideas seculares, algunas evidentemente opuestas a la cosmovisión cristiana que profesamos pero otras tal vez más sutiles, ideas que han abrazado durante toda su vida y que ahora deben cambiar a la luz de la verdad de Dios con gracia pero también con conocimiento.

- En su forma de hablar. Como líder, esta mujer no debe ser ligera ni impulsiva en sus palabras, sino ejercer control y dominio propio de modo que pueda estar más dispuesta a oír que a responder, a calmar una situación antes que crear un conflicto, a sanar antes que a herir. Santiago 1:19 nos insta a ser «pronto para oír, tardo para hablar, tardo para la ira». La líder también debe mostrar sabiduría en su hablar. Proverbios 15:2 nos dice: «La lengua del sabio hace grato el conocimiento, pero la boca de los necios habla necedades». Esta cualidad puede ser un gran reto para muchas mujeres por la inclinación natural que tenemos de hablar, lo cual en muchas ocasiones puede llevarnos a hablar de más y caer en lo que dice Proverbios 10:19: «En las muchas palabras, la transgresión es inevitable, mas el que refrena sus labios es prudente».

- En su forma de vestir. 1 Timoteo 2:9 nos enseña: «que las mujeres se vistan con ropa decorosa, con pudor y modestia», y aunque esta es una instrucción para toda mujer creyente, debe ser considerado con mucho más cuidado dentro del liderazgo femenino. Lamentablemente, todavía dentro del ambiente cristiano hay mucha resistencia y falta de entendimiento de lo que significan estas cualidades de decoro, pudor y modestia en estos tiempos, pero no debemos cansarnos de enseñar y modelar el estándar de Dios, de buscar Su aprobación más que la de las personas o incluso nuestra propia satisfacción.

- Sin lugar a duda, el tema de la vestimenta y de la forma de hablar son muy relevantes, porque dan un testimonio de esa vida transformada que somos llamadas a tener, y por eso la importancia de que se vea una diferencia. No es cuestión de fijar reglas para cumplir, sino de tener un corazón que busca agradar a Dios en este aspecto. Tenemos el Espíritu Santo morando en nosotras, que nos redarguye a obrar correctamente aun en estas áreas. Vivimos en una sociedad en la cual la forma de vestir y de hablar deshonran y se oponen abiertamente a Dios, Su Palabra y Su diseño. Por tanto, como mujeres en el liderazgo, tenemos un llamado muy importante a manejarnos correctamente en estas áreas.

# Capítulo 7

# LA MENTORÍA: TITO 2

*Yo soy el Señor, tu Dios, te educo para tu provecho,*
*te guío por el camino que has de seguir.*

—*Isaías 48:17, BLP*

«¿**S**aben dónde puedo registrarme para la clase de *Soul Care* [Cuidado del alma]?», pregunté a un grupo de mujeres maduras y sonrientes que estaban sentadas en una mesa promoviendo clases, estudios bíblicos y otros. Entre ellas, se encontraba la encargada del ministerio de mujeres de la iglesia a quien yo no conocía, pues mi esposo acababa de entrar ese año al seminario.

«¿Estás buscando cupo para el grupo de mujeres *Recibiendo mentoría de Tito 2*?», me respondieron. Sonreí, pues no entendí la pregunta. ¡Era increíble! A mis 43 años, era la primera vez que escuchaba que las mujeres mayores enseñaban a las jóvenes en un contexto bíblico y, a pesar de que no captaba el concepto de Tito 2 cabalmente, me registré junto con un grupo de mujeres más jóvenes que yo para recibir mentoría de Lloyd May, al mismo tiempo que ingresé al equipamiento y entrenamiento para servir de mentoras a las mujeres hispanas de la iglesia bautista Bethlehem en Minneapolis, en el año 2006.

¡Me encontraba recibiendo y dando al mismo tiempo! Cuán provechoso fue para mí y cuánto me ayudó aprender de una mujer madura, más sabia que yo; ahora podría compartirlo con las mujeres que tenía bajo mi responsabilidad.

## ¿QUÉ ES LA MENTORÍA?

Es la relación mediante la cual una persona con más experiencia ayuda, guía o aconseja a alguien más joven o con menos experiencia por cierto periodo de tiempo. Es un tipo de discipulado similar al de la consejería, cuyo fin es que la persona que recibe la ayuda crezca y avance.

Servir de mentora es reunirse alrededor de las Escrituras con mujeres que están en diferentes etapas de su vida (solteras, recién casadas, madres jóvenes, divorciadas, con nidos vacíos, profesionales, etc.). Una mentora es una persona que entrena y guía de acuerdo con el principio establecido en Tito 2:3.

He participado en distintas situaciones de mentoría con mujeres solteras adultas y la reunión ha sido en un café; oramos y estudiamos la Palabra en torno a alguna área en la que se quiera crecer. Algunas mujeres han sido referidas por otras mujeres maduras, mientras que otras me han invitado personalmente, pues quieren aprender a respetar a sus esposos o que les comparta cómo he aprendido a sujetarme al mío. Otras necesitan guía en sus finanzas o con sus planes profesionales, metas y propósitos en su profesión. También hay quienes quieren que les comparta mi experiencia en la crianza y la relación con mis hijos en sus diferentes etapas; y todo en torno a la Palabra.

Buscamos una mentora cuando tiene algo que nos hace admirarla y nos sentimos identificadas con ella según nuestra situación. Nos vemos representadas; no nos sentimos aisladas al reunirnos con otras hermanas que se parecen a nosotras y están compartiendo la misma etapa de la vida. Así nos apoyamos unas a otras en oración y consejo en la etapa en que nos encontremos.

## EL ORIGEN DE LA MENTORÍA

Las raíces de la práctica de la mentoría provienen de tiempos antiguos, pues la palabra griega usada para mentor (*Μέντωρ*) aparece en *La odisea,* de Homero. Desde 1970, la mentoría se ha esparcido por los Estados Unidos, principalmente para entrenar y equipar en el área de negocios, mientras que en Latinoamérica no es tan común, aunque cada vez se está volviendo más popular.

El término mentor está de «moda», especialmente en el mundo de los negocios y los nuevos emprendedores, y aunque se puede dar en muchos contextos, aquí lo desarrollaremos en torno al ministerio de mujeres en la iglesia local. Nuestro modelo perfecto para seguir es el Señor Jesucristo; Él es nuestro Maestro y Mentor por excelencia.

Muchos nombres se han dado a quienes reciben mentoría: discípulos, pupilos, etc. El concepto está expresado en la Palabra en numerosos ejemplos: María y Elisabet; Noemí y su nuera Rut (la guio y dirigió en una estrategia cristiana sobre cómo conducirse con Booz); Priscila y Aquila con Apolos (lo llevaron aparte para instruirlo, pues solo conocía el bautismo de Juan); Moisés y Jetro; Moisés y Josué; Pablo y Timoteo, entre otros.

Hay un orden establecido en la iglesia local «para que sepas cómo debe conducirse uno en la casa de Dios» (1 Tim. 3:15; ver también Tito 1:5).

a) A pesar de que la mentoría formal no aparece de manera explícita en la Biblia, el concepto sí se encuentra ahí, por lo cual es crucial la supervisión y aprobación de los pastores, ancianos y líderes para llevarla a cabo (1 Tim. 5:2, Tito 2:1-2).

*… eso encarga a hombres fieles que sean idóneos para enseñar también a otros.* (2 Tim. 2:2)

*… las ancianas […] que enseñen a las jóvenes…* (Tito 2:3-4)

b) Aunque no es obligatorio contar en la iglesia con una mentoría organizada, es bueno pedir autorización a los líderes para trabajar alineadas con la visión que les ha dado el Señor y poder crear un ministerio de mentoría, donde algunas mujeres supervisen y lideren a otras.

c) El modelo bíblico nos dice que los pastores y ancianos deben ser quienes entrenen y equipen a las mujeres mayores para que estas, a su vez, enseñen a las más jóvenes (Tito 2:1-3).

d) Las directoras o encargadas de un ministerio deben estar de acuerdo con la visión, la afirmación de fe de su iglesia y comprometidas con preservar los matrimonios; en otras palabras, las mujeres deben estar bajo la guía y la dirección de los ancianos.

## ¿QUIÉN ES UNA MENTORA?

Existen diferentes tipos de mentoras: históricas, de libros, presentes, de largo y medio plazo, entre otras.

Algunas mentoras ya no están entre nosotras porque han partido con el Señor, pero nos han dejado sus escritos y diarios; y así aprendemos de ellas: Elizabeth Elliot; Susana Wesley (madre de John Wesley); Sarah Edwards (esposa de Jonathan Edwards), sostén para su esposo en el ministerio; Katerina, la esposa de Martin Lutero, etc.

He tenido mentoras de quienes aprendí a organizar la casa, a instruir a mis hijos, a servir en el ministerio, a servir a las mujeres, etc. Una de mis mentoras preferidas, Lloyd May, a quien mencioné al inicio de este capítulo, ya partió con el Señor, pero su ejemplo y las cosas que aprendí de ella siempre están vivos en mi mente.

Una mentora es alguien que enseña a guardar lo que el Señor ha mandado, que anima y fortalece a los débiles y nutre a los hambrientos y al necesitado (Isa. 35:3-4). Como vemos en Tito 2:3-5, esto es un mandato: ancianas que enseñan a las más jóvenes.

En la mentoría, habrá penas y alegrías. Muchas veces se sufre, hay despedidas, tristezas, alejamiento del Señor de algunas de las hijas espirituales, dolor por las caídas y la desobediencia, y otros. En mi vida he servido de mentora a mujeres por las cuales mi corazón se ha dolido y lágrimas han corrido; incluso hubo momentos en que me he preguntado: «¿En qué fallé? ¿Qué les faltó?», y es ahí cuando debo acudir a la cruz de Cristo, y recordar que Él es quien sostiene en Sus manos nuestras vidas y las de aquellas a quienes servimos como mentoras. Pero experimentaremos gozo cuando, como mentoras, tomemos a otras mujeres y demos de gracia lo que de gracia hemos recibido.

La mentoría es uno de los diferentes tipos de discipulado; es una persona con quien caminas, es permitir que alguien te haga preguntas. La mentora quiere saber: ¿Cómo sobrevives en la fe?, ¿cómo luchas con la maternidad?, ¿cómo sabías que tu esposo era la voluntad de Dios para ti?, ¿cómo combates la soledad?, ¿cómo manejas los conflictos? La mentoría implica cumplir la gran comisión, «enseñándoles a guardar todo los que les he mandado» (Mat. 28:20).

Entre las áreas que se pueden incluir en la mentoría, está la rendición de cuentas, la cual abarca la oración, el estudio de la Palabra, el carácter, las luchas con el pecado, los propósitos y las metas en la vida, etc.

La mentoría nos da la oportunidad de relacionarnos en la iglesia con otras mujeres centradas en la Palabra de Dios. Sentarse alrededor de la Palabra es un gran regalo que pocas mujeres disfrutan. Ser mentora es una honra, un honor y un privilegio que no debe ser tenido en poco; pero también es una gran responsabilidad.

## TIPOS DE MENTORÍA

El discipulado puede realizarse de diferentes maneras, y tanto la mentoría como la consejería entran dentro del discipulado, son tipos específicos de discipulado. Hay discipulado de nuevos creyentes, discipulado de entrenamiento, discipulado de misiones, etc.

La consejería es un tipo de discipulado intensivo y sobre un tema específico, en una necesidad específica. La mentoría de Tito 2 es un discipulado en áreas y etapas puntuales, como amar a los hijos, amar al esposo y cuidar la casa. Crecer hasta la madurez espiritual para ser más parecidas a Cristo es nuestra meta en la mentoría, y esto no ocurre automáticamente. Es un proceso que requiere determinación y disciplina de ambas partes (tanto de las mentoras/discipuladoras, como de las discípulas).

a) <u>Mentoría a largo plazo</u>: una observación muy importante es que no es recomendable quedarnos para siempre con una misma persona, pues el propósito de un mentor es enseñar a otros creyentes cómo vivir una vida agradable a Dios y equiparlos para adiestrar a otros para que, a su vez, enseñen a otros.

b) Mentoría a corto plazo: muchas veces, la consejería entra como un discipulado por un tiempo específico, sobre un tema específico. La responsabilidad continúa hasta que el discípulo se convierta en un creyente espiritualmente maduro.

c) Mentoría intermitente: la mentora de este tipo funge como una especie de consultora, consejera o guía que, por razones de distancia o de tiempo, no tiene reuniones periódicas.

## EL CARÁCTER DE UNA MENTORA

Según la Palabra, la mentora debe ser una mujer sobria, no dada a mucho vino, que haya practicado la hospitalidad, que haya servido a los santos, que esté ocupada en la oración y en las buenas obras (1 Tim. 3:11, 5:3-10; Tito 2:3). Además, debe tener por lo menos las siguientes cualidades:

a) La autenticidad. Que sea genuina.

b) No superficial.

c) La empatía.

d) Que no dé consejo precipitadamente.

e) Entrar en el dolor ajeno, que haya misericordia y lugar para la gracia; que sea accesible.

f) La paciencia y saber escuchar son características indispensables, para esperar que la mujer joven crezca en santidad y madurez.

## ERRORES A EVITAR POR PARTE DE LA MENTORA

a) Vivir alejada de la Palabra y de la oración.

b) Temor de enseñar.

c) Dar órdenes y esperar que se cumplan.

d) Querer imponer su punto de vista o convicción.

e) La falta de compromiso.

f) No ser vulnerable ni transparente y querer mostrarse como perfecta.

Un sentimiento de incapacidad es esperado y entendible; dependemos completa y absolutamente de la gracia de Dios. El temor de no saber cómo hacerlo y de no tener un modelo a seguir se resolverá con oración y entrenamiento, preguntando o investigando. Muchas veces he recurrido a un tema o libro de acuerdo con la necesidad del momento.

## EL CARÁCTER DE QUIEN RECIBE LA MENTORÍA

Por lo general, quienes reciben mentoría no tienen experiencia, pero sí preguntas, y desconocen cómo hacer ciertas cosas. Algunas características necesarias son:

a) Un espíritu humilde y enseñable.

b) Querer o necesitar ayuda.

c) Tener interés de crecer.

d) Querer ser llevada y acercada a Dios.

e) Ser sincera y transparente.

## PRECAUCIÓN CON
## LAS MUJERES JÓVENES

La mujer joven puede siempre servir de mentora a la más jóvenes que ella. Personalmente, he aprendido muchísimas cosas de mujeres más jóvenes que yo. Incluso procuro regularmente rodearme de ellas, pues me motivan a aprender, buscar y conocer. Doy gracias a Dios por ellas, que me invitan a su vida y me motivan a renovarme. Todas damos y recibimos de alguien al mismo tiempo, pero el carácter y testimonio de vida de la joven mentora debe ser uno que haya superado pecados y patrones pecaminosos de experiencias pasadas (1 Tim. 5:6-7, 11-15).

## ERRORES A EVITAR CON LA MUJER
## QUE RECIBE LA MENTORÍA

En nuestro contexto de Latinoamérica, donde la mentoría es algo nuevo y estamos dando pasos recientes, hemos encontrado que algunas veces hay cierta renuencia o resistencia a ser discipuladas, pues en ocasiones no vemos la necesidad de serlo. Yo misma creí conocer y aprender todo por mí misma en mis años de juventud, sin entender el gran beneficio que significa recibir guía. Creemos que, con los libros, los blogs, los podcasts, los videos e internet tendremos suficiente; pero hay un caminar juntas en las experiencias que enriquece nuestra comunión.

Otra dificultad es que muchas veces a las mujeres no les gusta programar sus encuentros y reuniones, pues los afectos no se programan, pero hay un principio de beneficio en la organización y programación dentro del cuerpo de Cristo, donde Dios nos ha colocado. Una manera de ser eficientes en distribuir a las mentoras será la programación y compromiso. Otros inconvenientes que podríamos enfrentar son:

a) La falta de humildad.

b) La falta de un espíritu enseñable ante la Palabra de Dios.

c) La falta de compromiso; muchas veces, solo desean reunirse cuando tienen necesidad.

d) La falta de transparencia u honestidad; se muestran reservadas y no comparten todo lo que la situación demanda.

e) No todos crecemos en la misma manera ni al mismo ritmo, ni con igual rapidez, y muchas veces, notamos que la persona a quien servimos como mentora no crece o no avanza. En ese caso, debemos conversar y ver si avanzaría más con otra persona que pueda ayudarla mejor.

f) Relaciones poco saludables entre mujeres, de codependencia. Muchas veces se quiere contactar a la mentora para cosas insignificantes, detalles que la persona podría solucionar sola yendo a la Palabra y buscando el rostro del Señor. Jesucristo es indispensable. Nosotras no somos el Dios omnipresente y omnisciente. Solo Él. Solo Cristo, solo la Escritura, solo la fe, solo la gracia.

Hay cuatro situaciones que deberán evitarse a toda costa:

1. La envidia: alegrarme cuando a la otra persona le va mal, o experimentar enojo cuando le va bien.
2. Los celos. Donde hay celos, ahí hay toda cosa mala.
3. El chisme. Si no está presente la persona de quien se quiere comentar, no debemos escuchar ni participar. Solo se comentarán situaciones con alguien que sea parte de la solución.
4. El prejuicio: etiquetar a una persona, cuando puede ser transformada, cambiar y crecer.

## QUÉ *NO* ES LA MENTORÍA BÍBLICA

Cuidado con buscar la aprobación de quienes reciben la mentoría y, por temor a que nos rechacen, encubrir su pecado (y hacernos cómplices). El temor al hombre nos lleva a no interrogar ni pedir rendición de cuentas.

Nuestra disponibilidad es limitada, por tiempo o por espacio. Debemos ser accesibles, pero habrá momentos cuando no podremos ayudar. La persona debe ser enseñada a ir a Cristo primero y a no depender de la mentora, sino a ir creciendo en su dependencia de Cristo y no de mí, pues no soy omnipresente, no soy Jesucristo; Él es su Salvador.

## ¿HACIA DÓNDE APUNTO?

a) Si en una relación de mentoría todo es contenido y enseñanza, se convertiría en algo académico. Y si enfatizamos solo las relaciones y las actividades, las conversaciones y las opiniones, se convertiría en algo solamente social, o espiritualmente anémico.

b) Se debe animar a las mujeres a participar, a congregarse y a servir en la iglesia; a usar los dones que le ha dado Dios y a ponerlos al servicio de sus líderes. Así serían brazos de ayuda a los pastores.

c) Entender, aplicar y abrazar los principios bíblicos de la femineidad en todos los aspectos de la vida. Hay diferencias entre hombres y mujeres al estudiar la Biblia. Cuando la mujer es enseñada por otra mujer, provee un medio para que surjan temas de mujeres que a veces, por su naturaleza delicada y discreta, se tratan más apropiadamente con otra hermana.

d) Discipular mediante la mentoría piadosa de una a una, individualmente o en grupos pequeños, cuidando siempre que el discipulado bíblico sea una mezcla balanceada de doctrina y práctica modelada, y que se enseñe en un contexto de compromiso, entre la mentora y aquella que recibe la mentoría.

e) Enseñar prudencia y recato: que aprendan a buscar consejo, a ser enseñables.

f) Enseñar pureza, a que huyan de la inmoralidad; que aprendan a poner límites. Que aprendan a relacionarse con el sexo opuesto.

g) No enseñar mis ideas ni pensamientos, sino la Palabra de Dios.

h) Explicar y aplicar los textos.

i) Enseñar *lo que es bueno*: conocer y entender a Dios, Sus nombres, Sus atributos; amar al esposo; amar a los hijos; ser prudentes, castas y respetuosas; cuidar sus casas. Como mujeres, debemos someternos a nuestros esposos y abandonar nuestra seguridad en:
   i. Nuestras palabras (aprender a callar, 1 Ped. 3:2)
   ii. Nuestra belleza (que el adorno no sea externo, 1 Ped. 3:3)

Por el contrario, tenemos que seguir el ejemplo de fe de Sara, quien se sometió a su esposo sin temor (1 Ped. 3:6).

j) El contenido de Tito 2: La gracia de Dios nos mueve a las buenas obras. Las mujeres deben aprender a:
   i. Amar (gr., *filéo*) a sus maridos: pensar correctamente sobre ellos; ser amables, compasivas, perdonadoras.
   ii. Amar a sus hijos: mostrarles ternura, ser cariñosa con ellos, nutrirlos, instruirlos, administrar disciplina en amor.
   iii. Ser de mente sana, prudente, sabia, con dominio propio (gr., *sófron*). Tenemos que enseñarles a establecer prioridades bíblicas, a ser realistas en el uso de su tiempo, a no gastar de más.
   iv. Ser puras: enseñarles a pensar conforme a Filipenses 4:8; a no hacer provisión para la carne; a huir de la tentación; a vestirse discretamente.
   v. Ser trabajadoras en el hogar: debemos enseñar a trabajar duro en su casa, a no ser perezosas,

a aprender a organizarse y anticipar las necesidades de su familia.

vi. Dar ejemplo de buenas obras: hacer buenas obras, misericordia; usar palabras que edifiquen y hablar con bondad.

vii. Someterse a sus esposos: reconocerlos como la cabeza del hogar, a menos que quieran llevarlas a pecar.

Enseñamos esto porque, si no se vive de esta forma, estamos blasfemando la Palabra de Dios. Una mujer honra a Dios cuando:

1. Ama a su esposo e hijos;
2. Obedecer a Dios es más importante que hacer las cosas a su manera;
3. Teme a Dios y desea hacer Su voluntad;
4. Permite que la Palabra de Dios dirija su vida;
5. Modela el patrón bíblico para el matrimonio;
6. Es sumisa, bondadosa, pura aun cuando no siente deseos de serlo

Debes estar preparada y no sorprenderte pues te harán preguntas teológicas, acerca de salud, consejería, sentido común, y más.

## UN MODELO PRÁCTICO
## Y ORGANIZADO DE MENTORÍA

¿Cómo inicia esta relación dentro de la iglesia local y bajo la supervisión de los ancianos o pastores?

a. Reclutar voluntarias, hacerlas conscientes de su llamado y deber. Establecer filtros y recomendación de otros.

b. Identificar dones (Rom. 12:6; 1 Cor. 12:6-8).

c. Organizar un comité que coordine y supervise la marcha.

d. Hacer un inventario de áreas de servicio en la iglesia local. Cada caso es diferente. No hay dos iguales; lo que es una regla para uno no lo es para otro.

e. Demografía: hacer un directorio de grupos por ubicación, tema, propósito, etc. ¿Cuántas mentoras se necesitan en tu iglesia? Si hay más demanda que oferta, el modelo de grupos pequeños puede ayudar como solución temporal, para cambiar más delante al modelo de una a una, cuando haya suficientes mentoras o tengamos quienes prefieran el uno a uno.

f. Logística: maneras y modos donde se da la mentoría. Grupos pequeños de cuidado del hogar, grupos pequeños de estudio de la Palabra, grupos pequeños de estudio de un libro.

g. Registrar la asistencia, continuidad y el seguimiento. ¿Cómo? ¿Dónde? ¿Qué hacemos? ¿Qué horario?

h. Identificar quiénes pueden recibir mentoría: explicar las bondades de recibir mentoría. Animar a las mujeres a buscar y pedir ayuda dentro del cuerpo de Cristo.

i. Hacer actividades en las cuales incluir mujeres mayores y jóvenes. Asegurarnos de incluir jóvenes desde adolescentes hasta solteras adultas que trabajan y madres jóvenes.

## ESQUEMA SUGERIDO DE UNA REUNIÓN

a. Tiempo aproximado: dos horas.

b. Frecuencia: dos veces al mes (el reto es mantener la reunión en esa cantidad de tiempo).

c. Bienvenida en la casa.

d. Conversación introductoria.

e. Café o merienda.

f. Oración, devocional, estudio de la Palabra.

g. Discusión de un libro, tema de cuidado del hogar, casa o cocina (según la naturaleza del grupo).

h. Actividad manual.

i. Recomendar recursos: libros, estudios bíblicos, artículos; que sea material saturado de la Biblia y cristocéntrico.

En fin, la mentoría se resume en amar y cuidar el alma de la persona mentorizada, para que busque seguir los pasos del Señor Jesucristo honrando el nombre de Dios y así ayudar a las mujeres del cuerpo de Cristo a llegar a la estatura de santidad que nos ha sido encomendada, para que juntas sigamos creciendo en la gracia y conocimiento de nuestro gran Dios y Salvador.

# Capítulo 8

# LA IMPORTANCIA DE LOS GRUPOS PEQUEÑOS

Los grupos pequeños son una herramienta muy útil y eficaz para promover el crecimiento espiritual y la integración de las mujeres dentro la iglesia local; especialmente para aquellas que tienen una personalidad más introvertida, pero también para las que son parte de una congregación con muchos miembros. La razón es sencilla: las mujeres, por naturaleza, buscan formar relaciones significativas y cercanas en un contexto más allá del tiempo de reunión congregacional.

Necesitan un espacio que les permita compartir, crecer y relacionarse, donde puedan llorar y reír y alentarse en su caminar como cristianas. Un espacio con la libertad y la confianza de exponer sus cargas, sus necesidades, pero también sus dudas y sus victorias. Como creyentes, somos parte de una familia de la fe, y parte de esa vida de familia se puede experimentar en grupos más reducidos.

Estos grupos también son un instrumento de evangelismo. Dentro de nuestro círculo de relaciones, tenemos familiares, amistades, o vecinas que no estarían dispuestas a ir a escuchar una prédica un domingo en la iglesia, pero sí pueden aceptar una invitación para ir a una reunión más pequeña donde se traten temas de su interés, porque tienen necesidades espirituales y emocionales.

En una reunión más pequeña, estas mujeres no creyentes pueden exponerse a una enseñanza bíblica, a un consejo sano, a verdades que tal vez no habían escuchado antes. Con el tiempo, esta quizás sea la puerta no solo para que se integren a la iglesia, sino también para que la verdad del evangelio transforme sus vidas.

Cuando Jesús estaba en Sus años de ministerio, vemos cómo podía enseñar y compartir con multitudes, pero Sus relaciones íntimas y Sus enseñanzas más personales estaban reservadas para los tiempos con Sus discípulos y amigos más cercanos. Incluso tenía una casa en la cual le gustaba quedarse; la de Marta, María y Lázaro.

Con los años, en nuestra iglesia hemos pasado por diferentes etapas en el desarrollo del ministerio de mujeres, e independientemente de las necesidades de cada uno de esos momentos y de los cambios que hayamos hecho en este tiempo, hemos visto cómo este modelo ha sido de gran bendición no solo para las mujeres que asisten, sino también para las que están a cargo. Poder ver personas que se van desarrollando como creyentes es una respuesta de que Dios está obrando, porque no importa dónde estemos, tenemos un llamado a que nuestras vidas reflejen a Cristo, y a que esto se vea en nuestro hablar, en nuestras decisiones y acciones.

Los tiempos de adoración congregacional nos permiten recibir como cuerpo la bendición de la Palabra y la adoración, pero cuando compartimos en grupos pequeños, podemos reflejar lo que realmente está haciendo la Palabra de Dios en nuestras vidas, y nuestras hermanas son testigos no solo de ese crecimiento sino de las luchas que vamos enfrentando y la necesidad de compartir esas palabras de aliento y ánimo en nuestro caminar como cristianas.

Un grupo pequeño es el lugar donde cada hermana que asiste puede poner en práctica las disciplinas espirituales que somos llamadas a reflejar, y muchas de las cuales pueden estar casi ausentes de sus vidas. Hay un llamado muy claro para todo creyente en 1 Timoteo 4:7-8: «Más bien disciplínate a ti mismo para la piedad; porque el ejercicio físico aprovecha poco, pero la piedad es provechosa para todo, pues tiene promesa para la vida presente y también para la futura».

Parte de ese ejercicio de piedad es la práctica de la oración, un aspecto vital en la vida de un creyente que evidencia el crecimiento cristiano. Hay hermanas que llegan a estas reuniones sin animarse a elevar una oración en voz alta por temor, por inseguridad o desconocimiento, pero luego, con el tiempo, vemos cómo la gracia del Señor va obrando en sus vidas y empiezan a ser activas en la oración. Hay otras que no hacían mucho uso de su Biblia porque no sabían cómo manejarla, y luego se vuelven más diestras en el uso de la misma y pueden recurrir con más facilidad a las Escrituras. Ese es el crecimiento que debemos buscar cuando formamos estos grupos dentro de nuestras iglesias.

Los grupos pequeños también son una oportunidad de crecer en amor y paciencia («revestíos de [...] paciencia», Col. 3:12). El amor entre creyentes es una marca de que somos discípulos de Dios: «En esto conocerán todos que sois mis discípulos, si os tenéis amor los unos a los otros» (Juan 13:35). Además, nos permite llevar las cargas las unas de las otras, porque cada motivo de oración personal llega a ser una carga del grupo, cada batalla y cada victoria ya no se vive de forma individual sino como parte de esa familia.

Otro aspecto que se ejercita al vivir esta comunión en grupos pequeños con personas tan diferentes entre sí es aprender a perdonarnos. «Soportándoos unos a otros y perdonándoos unos a otros, si alguno tiene queja contra otro; como Cristo os perdonó, así también hacedlo vosotros» (Col. 3:13). Las dificultades y los desacuerdos también van a surgir en algún momento; puede haber diferencias de opinión y roces de personalidad, porque cada una todavía está siendo formada a la imagen de Cristo, pero la forma en que manejemos esos momentos y esas diferencias revelará lo que realmente está pasando en nuestro interior y cuánto de cada una va menguando y dejando que Cristo crezca en ella.

## ¿DÓNDE EMPEZAR?

Como en todo lo que hacemos dentro de la iglesia, debemos recordar en primer lugar que la obra es del Señor; toda decisión debemos presentársela primero a Él. Si Dios no bendice los planes, en vano será nuestro trabajo y nuestras buenas intenciones, como bien lo dice el salmista: «Si el Señor no edifica la casa, en vano trabajan los que la edifican; si el Señor no guarda la ciudad, en vano vela la guardia» (Sal. 127:1). Por tanto, más allá de tener el deseo de hacerlo, lo primero es orar pidiendo que Dios confirme si es el tiempo, que en Su gracia provea lo que sea necesario —el lugar, las personas que van a asistir, las encargadas de grupos— y algo muy importante: tener la aprobación y el apoyo del liderazgo masculino de la iglesia. Empezar algo con solo buenas intenciones, pero sin la dirección y la bendición del Señor, será algo sostenible solo mientras tengamos fuerzas.

Una vez definido esto, y entendiendo que la realidad y la necesidad de cada iglesia es muy particular, debemos reconocer que es muy común que la mayoría de las iglesias tenga una actividad regular de mujeres dirigida solo a las damas; por tanto, cuando esa dinámica ya existe dentro de la iglesia, se puede dar el siguiente paso, que es la formación intencional de estos grupos pequeños.

Debemos ver la formación de estos grupos como parte del crecimiento saludable de la iglesia y la demanda que esto pueda generar. Con el tiempo, los grupos podrán ser una respuesta a necesidades específicas. Creyentes nuevas, mujeres recién casadas, mujeres en etapa de hijos pequeños. En fin, todo va a depender de cómo sea cada iglesia. De la misma forma que las iglesias crecen y cambian, los grupos también pasan por etapas de crecimiento. Entonces, ahí tenemos la primera pregunta…

## ¿QUIÉN DEBE ESTAR A CARGO?

Asumir este tipo de responsabilidad implica reconocer que dependemos de la gracia de Dios y que de Él viene nuestra habilidad: «no que seamos suficientes en nosotros mismos para pensar que cosa alguna procede de nosotros, sino que nuestra suficiencia es de Dios» (2 Cor. 3:5). Como personas —y a veces mucho más como mujeres—, es natural tener inseguridad y dudas de asumir esta responsabilidad, y ver nuestras debilidades como una excusa delante del Señor, de la misma forma que Moisés cuestionó su llamamiento (Ex. 3:11), expuso su poca habilidad para hablar y hasta le pidió a Dios que enviara a otra persona (Ex. 3:13). Pero con el llamado de servir al Señor también viene Su respaldo. Una y otra vez vemos en las Escrituras que cuando alguien tenía una gran encomienda, el Señor le decía: «Yo te envío».

Además, recordemos que no se espera que esta hermana tenga todo el conocimiento ni todas las respuestas, ya que ella misma irá creciendo en la medida que sirva. La preparación de las reuniones y la dependencia del Señor que eso implica tienen como resultado una vida más madura, pues esas enseñanzas estarán siendo también un instrumento para su crecimiento.

Lo que sí se espera —y debemos ser cuidadosas en no minimizar esto— es que sea una persona con una doctrina sana que esté acorde a lo que la iglesia cree y enseñe, y que ella misma sea una persona enseñable y sujeta a la autoridad de su liderazgo. Debemos cumplir la advertencia de Pablo a Timoteo: «no un recién convertido, no sea que se envanezca y caiga en la condenación en que cayó el diablo» (1 Tim. 3:6).

La razón de elegir a determinada hermana para estar a cargo de un grupo nunca debe estar basada en sus habilidades de liderazgo, su elocuencia al hablar o lo sociable que puede ser. En sí misma, ninguna de estas cualidades es negativa, pero no es lo primordial. Lo que debe primar es el carácter que refleja, el testimonio probado en su iglesia, su disposición al servicio que ha demostrado. En cualquier nivel, un liderazgo inmaduro termina dañando no solo el ministerio sino también las vidas de quienes están a su cargo.

Además de la responsabilidad de la enseñanza, esta persona encargada debe saber que tendrá que manejar los aspectos prácticos que pueden y van a presentarse durante una reunión, algunos de los cuales pueden ser conflictivos o tan solo relacionados con mantener un buen ambiente en la reunión. Va a ser inevitable manejar situaciones como la hermana que siempre interrumpe durante la enseñanza con preguntas o comentarios, o la que usa todo el tiempo de oración grupal sin dejar que las demás también puedan orar.

La líder también debe tener la habilidad de mantenerlas enfocadas en el tema que se está compartiendo cuando los comentarios empiezan a desviarse, lo cual será muy normal cuando un grupo recién está iniciando o cuando se hayan añadido nuevas integrantes.

Estas y otras situaciones son parte de la dinámica de todo grupo pequeño, pero con la práctica y la gracia del Señor, tanto las hermanas que forman el grupo como la encargada irán aprendiendo a mejorar estos aspectos.

Sin embargo, a pesar de todos los beneficios que se puedan alcanzar, también hay ciertos errores sutiles en los cuales podemos caer y que debemos tener en cuenta al considerar estos grupos dentro de la iglesia. Algunos aspectos en los cuales podemos errar tienen que ver con:

1. **La sujeción.** Este es uno de los primeros principios que debemos tener en cuenta. Tanto los grupos pequeños como quienes los dirigen no deberían actuar independientemente del liderazgo de la iglesia, ni del liderazgo del ministerio de mujeres. El principio de sujeción a la autoridad debe estar presente aun a este nivel. Aunque muchas veces el surgimiento de estos grupos se da de manera espontánea, la meta es que no funcionen de manera aislada, sino que puedan verse como parte de un todo que es la iglesia. Incluso si la congregación es pequeña, el liderazgo debiera ser informado de las pequeñas reuniones que existen.

2. **El propósito.** Debemos tener mucho cuidado de la posibilidad de que estos grupos se formen solo para satisfacer la necesidad de relación social de las mujeres de la iglesia. La mayoría de las iglesias tiene una gran presencia de mujeres entre sus miembros, muchas con grandes necesidades no solo espirituales, sino también emocionales y sociales. Hay muchas mujeres solas, por tanto, ser parte de un grupo pequeño puede verse solo como una forma de compartir actividades o disfrutar de compañía, dejando de lado la razón más importante, que es poder crecer en el conocimiento y la aplicación de las verdades de la Biblia a su realidad cotidiana.

Por lo tanto, la forma en que podemos evitar que estos grupos sean solo un tiempo de compartir socialmente es tener un esquema para que todas las mujeres sepan lo que se espera de ellas en ese tiempo. Para esto sería muy útil tener en claro aspectos tales como: ¿cuál es la enseñanza que vamos a tener? ¿cuál va a ser la frecuencia? (semanal, quincenal, mensual), ¿cuánto tiempo deben durar estas reuniones? (una hora, dos horas), ¿qué se espera de cada una? (compromiso y discreción, porque se van a exponer temas y aspectos muy personales).

Si no tenemos esto definido, corremos el riesgo de que cada reunión sea una incertidumbre o dependa de cuánto quieran hablar las hermanas ese día. En cuanto a la enseñanza, una buena forma de definir qué se va a estudiar es viendo las características del grupo, la madurez que puedan tener, la etapa de la vida en la cual se encuentran. Otro aspecto a considerar es el tiempo de oración, queremos poder orar por las necesidades del grupo, ¿cuánto tiempo ocuparemos en esto?

Muchas veces tenemos la idea errada de que las reuniones deben fluir sin ningún esquema para que puedan ser de bendición, sin una hora establecida de inicio o de conclusión, sin un material preparado, y aunque se pueda mantener cierta flexibilidad por situaciones particulares que se presenten, la improvisación no debiera ser la norma, porque a largo plazo esto no crea estabilidad en el grupo.

## OTROS ASPECTOS QUE DEBEMOS CONSIDERAR

- **El lugar**. ¿Dónde deben reunirse los grupos pequeños, en la iglesia o en las casas? Esta es una variable que debe considerar cada ministerio. Muchas veces, la iglesia puede ser el lugar donde se inicien y luego con el tiempo las hermanas irán disponiendo sus hogares para estas reuniones, lo cual le daría ese sentido de intimidad que se busca. Gracias a la bendición de Dios y con el deseo de llegar a una mayor cantidad de lugares, con los años hemos podido ir abriendo grupos en diferentes zonas de la ciudad y en diferentes horarios, de modo que podamos brindar espacios tanto a la mujer que trabaja fuera de su casa durante el día, como a aquella que trabaja en su hogar y a la que tiene libertad de manejar sus horarios, para que puedan tener un lugar donde integrarse.

- **El material de estudio**. Ahora tenemos muchos más recursos en español de lo que se podía encontrar hace unos años. Existen buenos ministerios y autores que brindan materiales de estudio para grupos pequeños. Este es un buen espacio para abordar desde una perspectiva bíblica temas que quizás no estén bien entendidos aun dentro del ambiente cristiano, porque las ideas de nuestra cultura siguen moldeando nuestra forma de pensar y vivir. Temas como el diseño de Dios para la mujer, su rol, su propósito, la familia o el matrimonio son algunos que pueden enseñarse. También están los materiales de estudio bíblico de los libros de la Biblia o temas más puntuales de crecimiento personal y espiritual. Se pueden usar tanto textos de lectura como materiales de trabajo individual, lo cual permite una mayor profundización en el tema que se está estudiando, porque cada una hace un trabajo y una reflexión individuales antes de cada reunión.

Es bueno que antes de iniciar un ciclo de grupo pequeño se puedan identificar las características o necesidades propias del grupo y confirmar el material que se tiene disponible.

- **La dinámica**. Sin perder de vista que el propósito principal de la reunión es la oración y el estudio, se puede definir cuánto tiempo darle a cada uno y tratar de lograr una enseñanza interactiva que deje espacio para preguntas, dudas y aportes. Debemos recordar que para muchas mujeres este es el lugar para expresar sus dudas sobre verdades bíblicas y principios. Las nuevas creyentes pueden tener muchas preguntas sobre la Biblia y su vida como creyentes, y en la medida que son expuestas a las enseñanzas, se irán respondiendo, pero también pueden tener preguntas sobre cómo funciona la iglesia, y es en este contexto que pueden ir conociendo cómo se maneja la iglesia, sus principios, incluso sus actividades y horarios de reuniones.

En la medida que los grupos van creciendo —y es lo que se espera que pase de modo normal y saludable, no solo en cuanto a crecimiento espiritual sino también numérico—, entramos a una siguiente etapa que puede ser muy dolorosa para la mayoría, e incluso haber cierta resistencia. Me refiero al paso de dividirse. Esto puede costarles a muchas porque cada una se ha acostumbrado a cómo está estructurado el grupo, a compartir con esas hermanas de forma regular, pero en la medida que este ha crecido debe formarse uno nuevo no solo para poder incluir a nuevas integrantes, sino para mantener la dinámica de un grupo pequeño. Llegar a este punto requiere tener la visión de ir preparando de antemano a quienes serán las nuevas encargadas. Las hermanas que durante todo ese tiempo hayan mostrado compromiso, madurez y crecimiento son buenas opciones para considerar al momento de dar este paso.

A modo de resumir todo lo expuesto hasta el momento, podemos preguntarnos: ¿cuál queremos que sea el impacto de estos grupos en las vidas de las hermanas? Que sean espacios donde mujeres creyentes y no creyentes puedan disfrutar de la comunión mientras son instruidas de forma regular, intencional y sistemática. También deseamos que las verdades enseñadas sean una realidad aplicada en cada circunstancia que estén atravesando, que puedan crecer en la comunión con otras mujeres, ejercitando el amor, la paciencia y el perdón entre ellas, y que sean alentadas con el testimonio de la obra de Dios en la vida de cada una, al ver cómo el Señor obra en sus debilidades y cómo responde sus oraciones. Al mismo tiempo, queremos que este sea un medio que les permita acercarse e integrarse a la vida de iglesia.

## Capítulo 9

# CÓMO MINISTRAR A LAS JÓVENES A TRAVÉS DE UN MINISTERIO JUVENIL

¿Estás sirviendo en el ministerio juvenil de tu iglesia local o deseas servir allí porque anhelas discipular a las jóvenes? ¿Cómo puedes realizar un trabajo de enseñanza y discipulado con ellas de manera que glorifique a Dios? ¿Cómo puedes ministrarles?

A continuación, deseamos compartirte diez consejos prácticos que hemos aprendido a través de los años sirviendo al Señor en el ministerio con las jóvenes. Oramos para que nuestro Dios pueda usarlos y para que te sean de ayuda en la hermosa labor de impactar a las chicas con el poderoso mensaje del evangelio de Cristo.

## 1. Hazlo principalmente para Dios

Normalmente, cuando iniciamos una tarea en el ministerio, lo hacemos tomando en cuenta qué tan «necesaria» es para el cuerpo de Cristo. Sin embargo, aunque el factor de la necesidad es muy importante, no debería ser la motivación principal. En nuestras iglesias, siempre habrá necesidades de diferentes tipos y formas, pero no somos llamadas a suplir todas. El detonador más relevante para iniciar un servicio a Dios es cuando se conjugan la necesidad de la obra con una clara dirección de Dios para comenzarla.

De esta forma, la meta será honrar a Dios y no solo ayudar a las jóvenes. Si te enfocas en que estás sirviendo a tu Dios antes que a las jóvenes, no esperarás retribución ni aprobación de ellas ni de los que te rodean. Si realizamos este servicio esperando ser reconocidas por las jóvenes, vamos a sentirnos muy decepcionadas. El apóstol Pablo expresa que una de las cualidades distintivas de un siervo de Cristo es que no busca el favor de los hombres, sino el de Dios: «Si yo todavía estuviera tratando de agradar a los hombres, no sería siervo de Cristo» (Gál. 1:10b).

El servicio centrado en la aprobación del hombre se vuelve agotador, ya que a algunos les caerás bien y a otros no. De hecho, una gran cantidad de las jóvenes a quienes servimos no valorarán nuestro trabajo sino hasta que hayan pasado muchos años; cuando ya estén en otras etapas de sus vidas y al mirar atrás recuerden nuestro esfuerzo y servicio para Dios y para ellas. Sin embargo, no lo hacemos para que nos recuerden a nosotras sino para que admiren y crean en nuestro Dios. Él debe convertirse en nuestra única audiencia.

«El temor al hombre es un lazo, pero el que confía en el SEÑOR estará seguro» (Prov. 29:25).

Reflexiona, ¿para quién haces lo que haces? ¿Estás buscando significado, reconocimiento y fama al servir a otros? ¿Estás sirviendo por la necesidad que hay en tu iglesia o por un llamado de parte de Dios? Servir con la mira puesta en nuestro Dios hará que el servicio deje de ser una carga pesada para transformarse en un trabajo glorioso, honorable y un verdadero gozo. «Y todo lo que hacéis, de palabra o de hecho, hacedlo todo en el nombre del Señor Jesús, dando gracias por medio de Él a Dios el Padre» (Col. 3:17).

## 2. Tu relación con Dios es vital para la labor

Es imprescindible que las personas que Dios ha llamado a ministrar a jóvenes tengan una relación viva e íntima con Él, que crezcan cada día en las disciplinas espirituales de la oración y el estudio de la Palabra. Es esencial entender que no podemos dar lo que no tenemos. Si estamos lejos de Dios y la palabra de Cristo no habita «en abundancia [...] en [nuestros] corazones» (Col. 3:16), no tendremos absolutamente nada que proveer para el crecimiento de las jóvenes. El servicio a Dios siempre requerirá de Su ayuda sobrenatural. Nuestras fuerzas y sabiduría humana no serán suficientes para aconsejar, guiar, amar, confrontar y exhortar a nuestras jóvenes. Ellas necesitan que les señalen constantemente a Dios, a través de Su poder.

Que la palabra de Cristo habite en abundancia en vosotros, con toda sabiduría enseñándoos y amonestándoos unos a otros con salmos, himnos y canciones espirituales, cantando a Dios con acción de gracias en vuestros corazones.
—Colosenses 3:16

El combustible que nos permitirá hacer esta labor es nuestra relación con Él. Mi pasión para servir está fundada en el Dios que conozco a través de la Biblia y no en mis emociones, porque estas cambian dependiendo de las circunstancias, pero Dios es el mismo y Sus promesas son fieles y reales. Debo permanecer cada día junto a Él, mi alma debe tener hambre de Él. Permanecer en Dios describe el vivir en una estrecha relación con Él.

Permaneced en mí, y yo en vosotros. Como el sarmiento no puede dar fruto por sí mismo si no permanece en la vid, así tampoco vosotros si no permanecéis en mí. Yo soy la vid, vosotros los sarmientos; el que permanece en mí y yo en él, ése da mucho fruto, porque separados de mí nada podéis hacer. —Juan 15:4-5

Qué triste es ver líderes de jóvenes queriendo guiar a otras a Dios cuando ellas están lejos de Él. ¿Cómo puedes enseñar a amar a Dios si no lo amas? ¿Cómo enseñas a conocer a Dios si no lo conoces? Si estás sirviendo en un grupo juvenil pero no tienes una buena relación con Dios, sería bueno hacer un alto; quizás pedir algún tiempo libre y arreglar primero tu relación con Él. Recuerda que siempre será más importante ser que hacer. Solo con una relación íntima y creciente con Dios podremos ministrar e impactar las vidas de las jóvenes.

Debemos conocer la Biblia, pues a través de ella podremos enseñar, reprender, corregir e instruir en justicia. Los consejos basados en nuestra opinión nunca podrán sustituir el poderoso fundamento que brinda la Palabra de Dios. La Biblia ha de ser tu fundamento, tu respirar y tu instrumento para ministrar.

Toda Escritura es inspirada por Dios y útil para enseñar, para reprender, para corregir, para instruir en justicia, a fin de que el hombre de Dios sea perfecto, equipado para toda buena obra. —2 Timoteo 3:16-17

### 3. Tu ejemplo es más importante que tus palabras

Con pesar en nuestro corazón, hemos visto a muchas líderes de jóvenes vivir sin santidad, caer en pecado inmoral, vestir y hablar como las mujeres del mundo. Sabemos que Cristo siempre será el estándar al que tenemos que apuntar, pero nosotras somos llamadas a imitarlo, ya que somos el ejemplo para esas jóvenes a quienes ministramos. No podemos, por ejemplo, pregonar que deben vestirse con modestia y decoro si nosotras no lo hacemos. Y así como podemos ser de influencia para que las jóvenes conozcan a Dios, podemos ser también una piedra de tropiezo, empañando el evangelio y su poder en nosotras.

Si somos mediocres en nuestro caminar con Dios, privamos a las jóvenes de un ejemplo de vida que las desafíe a vivir para Su gloria. Nuestro buen Pastor es muy celoso con las ovejas que ha comprado nada más y nada menos que a precio de Su sangre y nos pedirá cuentas por esas pequeñitas que hayamos hecho tropezar.

> Y cualquiera que haga tropezar a uno de estos pequeñitos que creen en mí, mejor le fuera si le hubieran atado al cuello una piedra de molino de las que mueve un asno, y lo hubieran echado al mar. —Marcos 9:42

¡Que Dios tenga misericordia de nosotras; esto es algo serio! Servir de piedra de tropiezo implica hacer algo que pudiera alejar a otros de tener una relación cercana con Dios. Nosotras seremos la muestra práctica de lo que es vivir el cristianismo, de cómo vivir haciendo a Dios la parte principal de nuestras vidas. Para eso necesitamos vivir con integridad; es decir, que haya coherencia entre lo que creemos, decimos y hacemos. La persona que vive en integridad es confiable, y una persona confiable atrae a las personas hacia Cristo. Nuestra pureza nos permite conocer a Dios y que otros vean a Cristo a través de nosotras. Como bien expresa el pastor Miguel Núñez: «La integridad desarrolla el carácter, el carácter desarrolla la credibilidad, y la credibilidad atrae seguidores».

> Sed imitadores de mí, como también yo lo soy de Cristo. —1 Corintios 11:1

## 4. Ama a las jóvenes como Cristo lo hace

Amar como Cristo no es una tarea sencilla o emocional. Es un compromiso ligado al amor que hemos recibido de Él. Este amor se mostrará a través de un genuino interés por sus vidas, de estar dispuestas a sacrificar nuestro tiempo y nuestra comodidad por esas ovejas que Dios ha depositado en nuestras manos para su cuidado. Se traduce en estar pendientes de esas muchachas que vemos solas, pensativas, tristes y necesitadas, y acercarnos a ellas a fin de conocer sus necesidades, orar por ellas y darles seguimiento durante la semana. Una nota básica pero muy importante: no mostrarás amor a las jóvenes si no conoces cómo se llaman. Esfuérzate por aprender sus nombres, que ellas sientan que te interesas por ellas.

> Un mandamiento nuevo os doy: Que os améis unos a otros; como yo os he amado, que también os améis unos a otros. —Juan 13:34

Nuestro amor por ellas debe estar basado en el amor de Dios; no en el nuestro, que es limitado y circunstancial. El amor de Dios es un amor puro y sacrificial; porque Él estuvo dispuesto a dar Su vida para que nosotras viviéramos, y nos amó con un amor incondicional cuando menos lo merecíamos. Así debemos amar a esas jóvenes que Él ha puesto en nuestra iglesia bajo nuestro cuidado. Habrá casos de jóvenes difíciles de amar, rebeldes y orgullosas, pero cuando menos merecen nuestro amor es cuando más lo necesitan. Así nos amó Dios, cuando estábamos sucias, envueltas en nuestro pecado y nadie nos amaba.

Ahora bien, igualmente debemos ser sabias y maduras al mostrarles este amor incondicional que viene de Dios. Algunas jóvenes se querrán aprovechar de esta muestra de amor y no sabrán cómo poner límites y respetar el espacio y el tiempo que cada una de nosotras tiene. Debemos enseñarles que las amamos pero que deben ser respetuosas del tiempo de los demás. Por ejemplo, una joven no debería llamarnos diez veces al día o en horas inapropiadas para contarnos cada cosa que le pasa, porque necesita depender de Dios más que de mí. Además, deben comprender que también tenemos que dedicar tiempo a nuestra familia y nuestro trabajo. Por tanto, sé sabia al poner límites claros para ayudarlas a crecer y madurar en su dependencia de Dios.

### 5. No te restrinjas a las reuniones del ministerio

Planifica actividades fuera de la iglesia para conocerlas y desarrollar una amistad. Algunos ejemplos de actividades que te servirán para conversar y entretenerse al mismo tiempo podrían ser: aprender juntas a elaborar un postre, confeccionar una prenda de vestir, aprender a bordar o tejer, hacer manualidades, ver una película, hacer una pijamada en tu casa, etc. Esos momentos bajan las barreras y permiten crear una conexión que puedes aprovechar para llegar a sus corazones y hacer crecer la confianza, para ayudarlas y reenfocarlas hacia Cristo cuando sea necesario.

La Biblia nos manda a enseñar a las más jóvenes a amar a sus esposos e hijos, a ser prudentes, puras, hacendosas en el hogar y amables, y todo esto es imposible de enseñar en un solo día de la semana. Necesitamos invertir en sus vidas, exhortándolas a tiempo y fuera de tiempo, y mostrando con nuestras vidas cómo se vive el evangelio de una manera práctica en las actividades más cotidianas.

Asimismo, las ancianas deben ser reverentes en su conducta: no calumniadoras ni esclavas de mucho vino, que enseñen lo bueno, que enseñen a las jóvenes a que amen a sus maridos, a que amen a sus hijos, a ser prudentes, puras, hacendosas en el hogar, amables, sujetas a sus maridos, para que la palabra de Dios no sea blasfemada. Así mismo, exhorta a los jóvenes a que sean prudentes; muéstrate en todo como ejemplo de buenas obras, con pureza de doctrina, con dignidad. —Tito 2:3-7

Todas necesitamos a alguien que sea para nosotras como un Pablo, que nos enseñe de Dios, nos corrija, instruya y redarguya. De igual modo, todas necesitamos a un Bernabé, que crea en nosotras, que vea en nosotras lo que no vemos —y a veces, lo que otras tampoco pueden ver—, que nos presente y nos muestre el camino para llegar a ser lo que Dios quiere que seamos, que nos consuele y motive. Por último, todas necesitamos a un Timoteo, alguien en quien nos podamos reproducir, a quien discipular y a quien le enseñemos a caminar de cerca con Dios en cada reto del diario vivir, alguien a quien pasar nuestro legado.

Por tanto, alentaos los unos a los otros, y edificaos el uno al otro, tal como lo estáis haciendo. —1 Tesalonicenses 5:11

### 6. Identifica a las nuevas creyentes

Es necesario discipular a las jóvenes que son nuevas en la fe, enseñarles a orar y estudiar la Palabra, respondiendo cada una de sus inquietudes y dándoles oportunidades para servir y evangelizar a otras. Tu caminar como mentora de estas jóvenes podría ser usado por Dios para que ellas puedan a su vez fungir como mentoras de otras en el futuro. Quizás una buena idea sería involucrar en este discipulado a jóvenes maduras en la fe, para que ellas puedan enseñarles a las recién convertidas todo lo concerniente a nuestro caminar con Cristo. Esto dará la oportunidad de que las nuevas creyentes se sientan conectadas y hagan amistades; también abrirá un espacio para que las que tienen más tiempo en la iglesia puedan poner al servicio del reino lo que han recibido por gracia.

### 7. Conecta a las jóvenes con otros ministerios de tu iglesia

Si tu iglesia tiene reuniones o actividades para mujeres, motívalas a asistir e involucrarse en los retiros, charlas y reuniones de oración. Esto las ayudará a no sentirse como un grupo aparte dentro de la iglesia, y podrán compartir y ver modelos de mujeres adultas piadosas que respetan a sus esposos y aman a sus hijos, proveyendo una oportunidad para entablar lazos de amistad y mentoría.

… las ancianas […] que enseñen a las jóvenes a que amen a sus maridos, a que amen a sus hijos, a ser prudentes, puras, hacendosas en el hogar, amables, sujetas a sus maridos, para que la palabra de Dios no sea blasfemada.
—Tito 2:3-5

En nuestras iglesias, también hay ministerios de ayuda a los necesitados, de visita a las cárceles y a los enfermos, de ayuda a los inválidos, etc. Involucra a tus jóvenes en los demás ministerios de la iglesia. Será de mucha bendición para sus vidas dejar de centrarse tanto en ellas y poner la vista en las necesidades de los demás.

## 8. Involucra a las madres en la oración y el discipulado de sus hijas jóvenes

El llamado principal de instruir a los hijos en el temor de Dios corresponde a los padres. Por esto, su participación en nuestra labor de discipulado es de vital importancia. Es de gran ayuda y estímulo poder contar con un grupo de madres que oren por sus hijas; ya que este trabajo con las jóvenes es un esfuerzo en conjunto de la iglesia con las familias. Relacionarnos y caminar junto a las madres nos provee de un recurso sumamente importante, ya que ellas son las que más conocen a sus hijas.

Y estas palabras que yo te mando hoy, estarán sobre tu corazón; y las repetirás a tus hijos, y hablarás de ellas estando en tu casa, y andando por el camino, y al acostarte, y cuando te levantes. —Deuteronomio 6:6-7

## 9. Reconoce tus debilidades y tus prioridades

No les presentes a las jóvenes una pantalla de una espiritualidad que no tienes. Con una falsa fachada de alguien que supuestamente no comete errores, les harás pensar que solo ellas luchan con el pecado y no les darás la oportunidad de identificarse con tus luchas y debilidades, y de que vean cómo el poder de Dios es el que obra en tu vida para seguirlo. Al final, la gloria debe ser de Dios y no de nosotras.

Debemos ser transparentes y humildes, que nuestras vidas puedan ser como libros abiertos que ellas puedan leer, con un espíritu tierno y sereno que es de gran estima para nuestro Dios.

> Y que vuestro adorno no sea externo: peinados ostentosos, joyas de oro o vestidos lujosos, sino que sea el yo interno con el adorno incorruptible de un espíritu tierno y sereno, lo cual es precioso delante de Dios. —1 Pedro 3:3-4

Al ser vulnerables, tendremos la libertad de poder decir «no sé» cuando realmente no sepamos la respuesta a una pregunta, o «ahora no puedo», cuando nuestros compromisos personales nos impidan dedicarles tiempo.

Debemos tener nuestras prioridades claras. Dios debe ser lo primero en nuestras vidas, luego nuestra familia y después el ministerio. No podemos darnos el lujo de descuidar nuestro hogar por servir en la iglesia, ya que nuestra familia es nuestro principal ministerio. De igual manera, debemos sacar tiempo para cuidarnos emocional, física y espiritualmente y desarrollar hábitos saludables que nos ayuden a cuidar el cuerpo, la mente y el alma. Nuestra salud física y espiritual es central para poder ayudar a otros a sanar. Procura dar los pasos necesarios para perdonar a quien tengas que perdonar, libera tu alma de la culpa y de pecados sin confesar.

Mantén tu perspectiva y esperanza en Dios. Ama profundamente, haz ejercicios y actividades recreativas, come saludablemente y vive con plenitud la vida que Dios te ha regalado. Solo así podrás mostrarle a los demás el gozo que es vivir en Cristo en medio de las pruebas y las aflicciones de nuestro día a día. Las jóvenes necesitan ver una fe real, vivida con una vista por encima del sol.

## 10. Aférrate a la cruz

Por último, no te desanimes si no cumples con cada una de estas recomendaciones. Arrepiéntete delante de Dios y acepta el perdón otorgado a través de Cristo en la cruz. La verdad es que estas recomendaciones me confrontan, porque yo no puedo decir que las he cumplido todas a cabalidad. Por eso, me aferro al sacrificio de Cristo en la cruz, que me limpia de todo pecado, llevo a Él mis faltas y prosigo hacia delante, sostenida por Su fuerza y gracia que me capacitan para llevar a cabo Su obra. No esperes ser perfecta para servirle; somos mujeres totalmente comunes y corrientes, pero servimos a un Dios extraordinario. Solamente Dios puede ministrar a los corazones de las jóvenes; nuestro rol es mantenernos cerca de Dios y ser un instrumento usado por Él para bendición de otros.

Bendecimos a Dios por darnos el privilegio inmerecido de servirle a través de las jóvenes de nuestra iglesia, reconociendo que toda la gloria es de Él.

No a nosotros, Señor, no a nosotros, sino a tu nombre da gloria, por tu misericordia, por tu fidelidad. —Salmo 115:1

Así también vosotros, cuando hayáis hecho todo lo que se os ha ordenado, decid: «Siervos inútiles somos; hemos hecho sólo lo que debíamos haber hecho». —Lucas 17:10

## Capítulo 10

# EL MINISTERIO DE CONSEJERÍA BÍBLICA: UNA HERRAMIENTA QUE RETA AL CRECIMIENTO

Una de las tareas de la iglesia es la de ayudar a las personas a crecer espiritualmente. La iglesia es una comunidad de fe en la que sus miembros deben apoyarse los unos a los otros, compartiendo sus sufrimientos y alegrías. En 1 Corintios 12:25-26, leemos: «a fin de que en el cuerpo no haya división, sino que los miembros tengan el mismo cuidado unos por otros. Y si un miembro sufre, todos los miembros sufren con él; y si un miembro es honrado, todos los miembros se regocijan con él».

La tarea de aconsejar es corporativa; somos desafiados a edificarnos unos a otros, a amonestarnos, a alentar a los de poco ánimo, a sostener a los débiles y a ser pacientes para con todos (1 Tes. 5:11,14). La palabra para aconsejar en el Nuevo Testamento es *paráklesis*, que significa «aliento, súplica». Viene del verbo *parakaléo* («llamar a alguien al lado»), que se puede traducir «rogar», «suplicar», «aconsejar» o «consolar». El ser humano siempre ha necesitado consejo para encontrar propósito en su vida. Fuimos creados a imagen de Dios para depender de Él y de Su Palabra, aunque muchos no lo saben. El pecado nos aleja de Dios y nos hace rechazar Su consejo. El ser humano está perdido, confundido, insatisfecho, necesita consejo para encontrar el sentido de su vida. La exhortación es una de las características de la consejería. En Romanos 12:8, vemos cómo Pablo lo menciona como parte de uno de los ministerios del cuerpo de Cristo: «el que exhorta, en la exhortación; el que da, con liberalidad; el que dirige, con diligencia; el que muestra misericordia, con alegría».

## LA CONSEJERÍA BÍBLICA DEBE TOMARSE EN CUENTA EN EL ALCANCE DE UN MINISTERIO DE MUJERES

Esta necesidad de aliento y acompañamiento está presente en las mujeres también. Hay congregaciones donde el ministerio de mujeres está empezando a organizarse y es posible que el ministerio en el que sirves aún no pueda organizar programas de gran envergadura, como retiros y conferencias. Sin embargo, la consejería ofrece la oportunidad de ayudar a muchas mujeres a crecer en su conocimiento de Dios mientras aplican Su Palabra.

Las mujeres en cada etapa de sus vidas enfrentan diversas situaciones que requieren decisiones sabias. Hoy más que nunca, el mundo ha moldeado la mente femenina y es nuestro rol exponer a las mujeres a la sabiduría de Dios, pues solo de ese modo sus mentes serán renovadas. La consejería es una herramienta útil para ese fin, ya que nos permite hablar en privado acerca de temas específicos y hasta delicados, trayéndolos a la luz del evangelio.

Además, la consejería bíblica es una excelente herramienta evangelizadora para la iglesia local. Cuando las personas tienen necesidad, se encuentran en una condición de apertura que les permite escuchar el mensaje del evangelio. Dios usa las dificultades para llamar nuestra atención hacia Él. En momentos de dolor, sufrimiento, desesperación y soledad, las personas necesitan ayuda, aliento y esperanza, pero los buscan en lugares equivocados. Esa es la historia de muchas de nosotras, hasta que Dios nos trae a Su luz. Alrededor de la iglesia, en las comunidades vecinas, hay personas sufriendo que necesitan recibir esperanza en Dios. A través de la consejería bíblica, podemos alcanzar con el evangelio a las mujeres de la comunidad, y luego, ayudarlas a crecer en el conocimiento de Dios.

El objetivo de este capítulo no es dar todos los detalles de un ministerio de consejería, sino más bien animar a las mujeres que sirven a otras en sus grupos acerca de esta necesidad y orar para que el Señor las dirija en cómo ofrecer consejería en el contexto que Dios las ha colocado.

## LA BASE DE LA CONSEJERÍA

La consejería bíblica debe ser bíblica. Parece obvio, pero en la práctica puede que se nos olvide. La Palabra de Dios no es el libro de consulta en la consejería sino su centro. Debemos asegurarnos de que estamos aconsejando según las Escrituras y no sustentar nuestros consejos en nuestra experiencia y conocimientos.

Aconsejar bíblicamente es más que dar consejo; es acompañar a una persona a desarrollar una mente bíblica de manera que sea modificada su cosmovisión y eso produzca cambios en su manera de vivir, independientemente de las circunstancias. Esto debe reflejarse en la dinámica de las sesiones.

## LA META O EL OBJETIVO
## DE LA CONSEJERÍA

Cuando tenemos frente a nosotras a alguien que busca consejo, debemos tener en mente un objetivo. El objetivo de la consejería bíblica es ayudar a toda mujer a crecer en madurez en Cristo. Pablo lo dijo mejor en Colosenses 1:28: «A Él nosotros proclamamos, amonestando a todos los hombres, y enseñando a todos los hombres con toda sabiduría, a fin de poder presentar a todo hombre perfecto en Cristo». La meta de una consejera cristiana es que la mujer que esté a su cuidado madure, no que sea más feliz o autosuficiente.

La madurez cristiana es un proceso, y la consejería es un acompañamiento en determinados momentos de ese proceso. A continuación, definiremos algunas áreas a tomarse en cuenta en el proceso de consejería para completar su objetivo:

- **La conversión.** ¡Sí, leíste bien! En muchas ocasiones, damos por sentado que la persona que tenemos en frente ha entendido el evangelio, el nuevo nacimiento, el señorío de Cristo en su vida. Las cristianas necesitamos recordar con frecuencia el milagro que se operó en nosotras a través del sacrificio de Cristo y la esperanza eterna que trae consigo la salvación. Además, necesitamos el evangelio todos los días. Recordar Su gracia y misericordia en medio de esta vida terrenal nos da un enfoque eterno.

- En ocasiones, nos encontramos con mujeres que están en nuestra congregación, asisten a las actividades de la iglesia, pero aún no han entregado su vida a Cristo en arrepentimiento y fe. La consejería es un lugar de encuentro con Dios. Ambas, la consejera y la aconsejada, deben estar alineadas con el evangelio, ya que es la base de todo el proceso de crecimiento de la vida cristiana.

- Algo más, si en el ministerio de mujeres donde sirves están pensando en ofrecer la consejería a la comunidad, seguro llegarán mujeres no creyentes a solicitar ayuda. La primera necesidad que debemos satisfacer de estas personas es que puedan tener una relación con nuestro Padre celestial. Debemos predicarles el evangelio y guiarlas a Jesús.

- **La vida devocional.** Con esto me refiero a algo más que el tiempo devocional. Debemos ayudar a la aconsejada a separar un tiempo devocional diario, enseñarle las disciplinas espirituales, pero además modelarle cómo esas verdades se aplican en la vida cotidiana, de manera que el tiempo devocional afecte su vida. Esto ocurre a través del estudio y la meditación de las Escrituras, de modo que cambie la forma en que vemos la vida y respondemos a las diferentes situaciones que Dios orquesta para nosotras cada día. Esto es un mandato para cada creyente. En Romanos 12:2, leemos: «Y no os adaptéis a este mundo, sino transformaos mediante la renovación de vuestra mente, para que verifiquéis cuál es la voluntad de Dios: lo que es bueno, aceptable y perfecto».

- **Las prioridades**: En este mundo moderno, las mujeres tienen con frecuencia muchos roles, viven agotadas y desorientadas. Revisar la manera en que organizan esos roles ayuda mucho a encontrar el propósito de Dios en nuestras vidas. Mientras escuchas sobre su vida y su historia, toma en cuenta en qué lugar coloca a Dios, a su familia (esposo, hijos, padres, hermanos), su servicio a otros. Estas cosas se hacen evidentes por la manera en que distribuye el tiempo, el dinero, sus recursos emocionales (preocupaciones, ansiedades, esfuerzos). En Mateo 11:29, leemos: «Tomad mi yugo sobre vosotros y aprended de mí, que soy manso y humilde de corazón, y hallaréis descanso para vuestras almas». ¿Qué mujer no quiere encontrar descanso? ¿Cuál es el yugo de Jesús para mi vida? ¿Cómo ese yugo puede darme descanso? Necesitamos aceptar humildemente que estamos cargando yugos que no son el de Jesús, que posiblemente hemos alterado las prioridades que Dios ha establecido para nosotras y eso nos desenfoca en nuestro caminar de fe, a la vez que limita nuestro crecimiento espiritual.

• **Crear conexiones**: Las mujeres somos relacionales por diseño de Dios. La consejería es limitada, individual, pero la vida no es así. La vida se vive fuera del salón de consejería. Las mujeres necesitan relacionarse y conectar con otras para su crecimiento. Guía a la persona que aconsejas a participar de grupos de estudios con otras mujeres y, mejor aún, ayúdala a conseguir una mentora. La mentoría y los grupos de estudios ayudarán mucho en el crecimiento espiritual de la aconsejada, ya que es en el roce con otras que Dios refina nuestro carácter. Es muy difícil crecer aislado de las personas. Por otro lado, estas conexiones ayudan a la aconsejada a ser menos dependiente de la consejera.

A continuación, mencionaremos algunos de los elementos que deben tomarse en cuenta a la hora de organizar un ministerio de consejería.

## EL PERFIL DE UNA CONSEJERA

Si bien es cierto que toda mujer cristiana y conocedora de la Palabra es una consejera, debemos ser prudentes al escoger las mujeres que aconsejarán a otras. A continuación, mencionaré algunas características que deben tomarse en cuenta. No es una lista exhaustiva, podrían agregarse otras cuestiones.

- Deben ser mujeres *maduras en la fe*, que estudien y sepan aplicar fielmente el consejo de Dios a sus vidas. Deben ser mujeres de buen testimonio; no perfectas, pero que muestren un caminar de fe en integridad y humildad. No deben ser nuevas en la fe o con poco crecimiento.

- Una *vida de oración*. Aunque puede intuirse que la madurez espiritual incluye una vida de oración, nunca está de más hacer hincapié en la importancia de la oración para una consejera. Orar en sí es un acto que expresa nuestra dependencia de Dios. Como consejeras, siempre necesitamos la dirección y el discernimiento de Dios para poder servir a otros. No importa cuántos años se tengan de experiencia en consejería, la vida espiritual de una persona es única y Dios tiene un propósito especial con cada uno. Aunque el consejo debe ser bíblico, no debemos tratar de aplicar exactamente lo mismo en cada caso. Para encontrar ese discernimiento debemos escuchar a Dios en oración. Las consejeras deben orar antes, durante y después de las sesiones de consejería. Deben orar por la aconsejada y por ellas mismas.

- Deben ser mujeres que tengan el llamado a la *exhortación*, que sean pacientes para escuchar a otras. Las mujeres hablamos mucho normalmente, pero cuando estamos ansiosas o desesperadas, hablamos más. Tal vez alguien piense que, como las mujeres hablan mucho, pueden ser buenas consejeras; sin embargo, la consejería no se trata de hablar mucho sino de escuchar, de hacer buenas preguntas y poder transmitir esperanza. No todas las mujeres tienen este llamado. Es necesario ser muy paciente para escuchar a una persona repetir lo mismo en más de una sesión, argumentar acerca del mismo punto y tardar en avanzar en el proceso que solo el Espíritu de Dios puede hacer.

- Tienen que ser *dignas de confianza*. Las sesiones de consejería no son espacios de conversación entre amigas. Aunque el ambiente debe ser relajado, es algo muy serio y con frecuencia delicado e íntimo. Los consejeros manejan información delicada y dan consejo a miembros de la iglesia local. Dicha información no debe ser divulgada, a menos que suponga una situación de riesgo para la vida de la aconsejada o alguien más. Por ejemplo, planes o intentos suicidas, abusos emocionales o físicos, actos en contra de la ley. También una situación de pecado grave o reincidente. Es importante tomar en cuenta que dicha confianza no es solo en beneficio de la aconsejada, sino también de las autoridades de la iglesia local; es decir, los pastores de la iglesia confían en que la consejera, si fuere necesario, les informará cualquier situación de riesgo o si el caso requiere una atención de mayor autoridad eclesiástica que precise medidas o asistencia de mayor experiencia. La confianza debe ser bilateral; la consejera debe tener confianza en sus líderes, de modo que pueda acercarse de manera segura, contando con su confidencialidad, para tratar cualquier caso que entienda que amerite asistencia pastoral. La consejera siempre debe pedir permiso a la aconsejada para consultar su caso con uno o más de los líderes. Vemos así cómo la confianza y la confidencialidad son imprescindibles en el proceso de consejería.

- Deben contar con previa *aprobación pastoral*. Como se ha mencionado en capítulos anteriores, el ministerio de mujeres está bajo la supervisión pastoral; de igual modo, la selección de las mujeres que servirán en la consejería debe ser aprobada por las autoridades de la iglesia.

## EL PROCESO DE CONSEJERÍA

### Acceso al servicio de consejería

El servicio de consejería debe ser un ministerio de la iglesia local supervisado por los pastores, ya que el ministerio de mujeres está sometido a la autoridad pastoral. El acceso al servicio de consejería para mujeres debe ser a través de un proceso organizado que facilite el seguimiento a cada aconsejada. Por tanto, lo ideal es que las mujeres hagan su solicitud a través de las líderes de grupos pequeños de estudio, de oración, o de servicio, si es que lo hubiera. En caso de no tener estos grupos, las líderes del ministerio podrían servir como enlace para la solicitud.

Debido al servicio que realizan las líderes de grupo pequeño, sería muy valioso que estas tengan una capacitación básica en consejería bíblica, ya que esto les permitiría ofrecer un nivel primario de asistencia para las asistentes a su grupo y las ayudaría a conectar mejor a las mujeres entre sí. Sin embargo, deben tener el discernimiento y la capacitación que les permita saber cuándo un caso debe ser referido a una consejera de mayor experiencia. Por ejemplo, casos en que el pecado es reincidente, cuando hay conductas adictivas, conflictos maritales, adulterio, abuso o violencia doméstica, entre otros.

El ministerio de mujeres debe animar y apoyar la capacitación en consejería a mujeres para que estas puedan asistir en casos de cierta complejidad con la supervisión pastoral. Las mujeres nos entendemos mejor entre nosotras, y es mucho lo que se puede avanzar en el proceso de acompañamiento cuando caminamos juntas con una consejera de experiencia que habla nuestro mismo «idioma» emocional.

## LA DINÁMICA DE LAS SESIONES

El ambiente de las sesiones debe ser relajado. Aunque se traten temas de mucha relevancia y seriedad, esto no debe llevarnos a crear un atmósfera tensa, sentenciosa o crítica. Debemos ser imitadoras del Señor, que aun cuando nos confronta nos muestra Su amor y misericordia. Esto no significa que nos comportaremos de manera indulgente, haciéndonos cómplices del pecado de la aconsejada, pero podemos mostrar amor y compasión en medio de la disciplina. Si se lo pedimos al Señor, Él nos ayudará a encontrar ese equilibrio.

• Hacer una oración al iniciar y finalizar cada sesión. Recuerda que no es una simple conversación entre amigas. Se trata de una ministración del Señor para ustedes. Al orar, recordamos que dependemos de Dios para encontrar discernimiento y sabiduría en lo que vamos a tratar. También ayuda a la aconsejada a aprender a recurrir a Dios primero en medio de la necesidad y le modela a las que son nuevas en la fe cómo orar.

- La consejería es más un diálogo que un sermón. Las sesiones de consejería deben ser un diálogo fluido. Haz preguntas, escucha, ayuda a la persona a pensar, a procesar sus respuestas, haz pausas de silencio. Revisa las motivaciones del corazón y los pensamientos. En lugar de suponer, pregunta; te sorprenderá lo que Dios puede ayudarte a ver.

- Expón a la persona a la Palabra. De nuevo, es consejería bíblica, es la Palabra de Dios que tiene el poder de penetrar donde nosotras no podemos. Lee la Biblia durante las sesiones, asigna tareas de lecturas bíblicas, libros cristianos y asistencia a estudios y sermones en la iglesia. En esos casos, puedes pedirle a la persona que te traiga sus notas de los sermones y estudios bíblicos.

## EL LUGAR DONDE SE REALIZA LA CONSEJERÍA

Podría realizarse en las oficinas de la iglesia en horario no laborable, en salones designados para consejería o en la sala de las casas de las hermanas. No recomendamos del todo un lugar público, como un café, ya que con frecuencia estos espacios no ofrecen la privacidad que necesitamos para que la aconsejada se sienta cómoda para hablar de ciertos temas y expresar sus emociones con libertad.

## OTROS ELEMENTOS
## A TOMAR EN CUENTA

- **La duración de las sesiones.** En general, una sesión de consejería debe durar entre 50 minutos y 1 hora. La aconsejada debe saberlo de antemano; esto la ayudará a plantear su inquietud de manera más enfocada y aprovechar mejor el tiempo. También recuerda que no es necesario tratar todo en una sesión; ya vendrán más oportunidades para seguir escuchando. Dicho esto, sabemos que hay situaciones que nos tomarán más tiempo, pero deben ser excepciones; de lo contrario, el servicio de consejería no será eficiente, sobre todo si hay otras personas esperándote en la siguiente hora.

- **La puntualidad.** Ser puntuales es una virtud escasa en nuestras culturas, ¡pero es tan valiosa! Por lo dicho anteriormente, debemos ser ejemplo de puntualidad; eso muestra madurez y respeto por el tiempo de los demás. Ambas, consejera y aconsejada, deben ser puntuales en la hora de inicio y en la hora de conclusión.

- **Los materiales.** En el salón de consejería, debemos disponer de Biblias, lápiz y papel, tanto para la consejera como para la aconsejada. No olvides los pañuelos desechables; no deben sorprendernos las lágrimas en medio del proceso. La aconsejada debe sentir que no te extrañan sus lágrimas, sino que son parte de las expresiones de sentimientos con las que Dios nos creó.

## LOS RIESGOS DE LA CONSEJERÍA

No podemos cerrar este capítulo sin advertir sobre uno de los riesgos de la consejería. La consejería debe conducir a la aconsejada a Cristo, Él es el modelo. Debemos guiar a nuestras aconsejadas a buscar primero el consejo de Dios a través de la oración y el estudio de Su Palabra y *no depender de su consejera para cada decisión que deba tomar.* La consejería de hoy debe ser útil para el futuro, no solo para una situación en particular. De lo contrario, vamos a formar discípulas dependientes de nosotras y no de Dios.

¿Cómo lo logramos? En primer lugar, no tomes decisiones por tu aconsejada. Si entiendes que está pensando de manera errada, hazle preguntas que la ayuden a evaluar su decisión. Guíala a través de la Palabra, recuerda que el objetivo de la consejería es que el creyente desarrolle una mente bíblica y no simplemente que se libere del malestar que lo aqueja.

Otra actitud que no debemos practicar para evitar la dependencia a la consejera es supervisar cada paso que da nuestra aconsejada. Las consejeras no somos policías espirituales de las hermanas de la iglesia, y mucho menos el Espíritu Santo de ellas. Esto no quiere decir que si observamos algo que nos llama la atención no lo tomemos en cuenta para orar. Por eso, primero y luego, lo comentaremos en la próxima sesión.

Finalmente, te sugiero que siempre celebres los logros alcanzados por la aconsejada. Anímala a seguir adelante cuando se vuelvan a presentar situaciones difíciles. A medida que notes que va superando los temas que la llevaron a consejería, empieza paulatinamente a espaciar las citas, de manera que ella aprenda a tomar decisiones sola y a responsabilizarse de su crecimiento espiritual. La consejería no debe ser infinita. Podemos hacer un cierre, dando gracias a Dios y comunicando que estamos disponibles si se presenta la necesidad más adelante.

Es nuestra oración que al leer este capítulo tomes tiempo para orar acerca de la necesidad de este servicio en el ministerio de mujeres donde sirves, si es que no lo ofrecen; y si lo ofrecen, que Dios te haya animado a seguir adelante.

# Capítulo 11

# SOLTERAS, DIVORCIADAS Y EL MINISTERIO DE MUJERES

*El Señor da la palabra; las mujeres*
*que anuncian las buenas nuevas*
*son gran multitud.*

—*Salmo 68:11*

magina que entras a un salón donde hay una gran multitud. Por un lado, encuentras parejas hablando y riendo; del lado opuesto, un grupo de mujeres adultas quienes, con actitud más relajada, comentan acerca del fútbol y el gran gol que llevó al equipo de su nieto al campeonato.

Mientras avanzas, te encuentras con un grupo de mamás con bebés en brazos, quienes hablan de lo maravilloso que es que su pequeño retoño ya duerma toda la noche. En otro lugar del salón, hay una mesa con mujeres jóvenes que hablan de moda, de las *selfies* en Instagram, del último vestido que usó Kim Kardashian y la fragancia de moda de Chanel.

Te detienes un momento, y al fondo, observas un grupo más o menos similar al anterior en cuanto a su forma de comportarse, pero diferente en cuanto a sus expresiones faciales. Sus conversaciones son acerca del tiempo que llevan sin pareja, de lo difícil que es enfrentar los comentarios de otros, las preguntas en cada reunión familiar, como por ejemplo: «¿Y cuándo nos darás la noticia de que *por fin* ya tienes novio?», o «Hace mucho que te divorciaste, ¿no crees que ya es tiempo de volver a confiar en el amor?».

Suena exagerado, pero es una realidad tanto en las mujeres creyentes como en las no creyentes. En un lugar cerrado, es sencillo identificar quiénes son solteros, casados, a quiénes les gusta el fútbol, las finanzas, etc., porque teniendo cosas en común, nos buscamos, y eso no es malo en sí mismo, pues nos sentimos más en confianza cuando hay afinidad y gustos similares.

Pero en el ministerio, hacer esas distinciones no es tan sano como pudiéramos creer, porque somos parte de un cuerpo, llamados a vivir en comunidad. Somos miembros de la familia que Dios eligió, Él nos ha dado dones y talentos a cada una para edificarnos mutuamente y extender el reino, Su reino.

Pues así como en un cuerpo tenemos muchos miembros, pero no todos los miembros tienen la misma función, así nosotros, que somos muchos, somos un cuerpo en Cristo e individualmente miembros los unos de los otros. (Romanos 12:4-5)

Nuestro soberano Dios ha dispuesto en cada iglesia diferentes personas con características individuales, todas y cada una para cumplir Sus propósitos y planes eternos. Cada mujer que se encuentra dentro de la iglesia es influencia fuera de ella; es decir, en su lugar de trabajo, en el vecindario, con sus amigas, con las compañeras de la universidad, con las mamás de los compañeros de sus hijos, con su familia de sangre, y principalmente en su hogar, si es casada y con hijos.

A cada una se nos ha dado el mandato de ir y hacer discípulos a todas las naciones (Mat. 28:19), y soñamos con poder ir a algún país de África o Asia a predicar las buenas nuevas de Cristo. Y si Dios así lo ha dispuesto, iremos. Pero quizá en los planes de Dios está que hagamos discípulos con aquellos vecinos que están cruzando nuestra calle, o con nuestras amigas jóvenes y solteras que cada día están más obsesionadas con la belleza y creen que su vida no tiene sentido porque siguen sin encajar en el molde que esta cultura les ha impuesto de manera violenta.

Contar con un ministerio para mujeres dentro de la iglesia local es una bendición, porque no sabemos todas las respuestas, no somos iguales unas a otras, no tenemos las mismas necesidades ni los mismos talentos, y estando en comunidad, juntas podemos salir adelante, animarnos, exhortarnos, orar unas por otras, soportarnos unas a otras y así reflejar más la imagen de Cristo cuando nos llamó a amar a nuestro prójimo (Mat. 22:36-40).

Entonces, no sé si suceda en todas las congregaciones, pero me he dado cuenta de que, como ministerio, podemos enfocarnos en cierto tipo de personalidades. Es bien sabido que no todas somos maestras de la Palabra, no todas somos oradoras. A algunas nos cuesta mucho poder salir y evangelizar en las calles, por ejemplo; otras somos muy buenas discipulando y enseñando a niños, a otras solo se nos da el dirigirnos a un infante. Hay hermanas que son guerreras en la oración, otras no tienen tanta confianza al orar en público. Insisto, todas somos diferentes y todas nos necesitamos.

Y, entre todas ellas, en esa inmensa diversidad de talentos entre las mujeres, solemos poner un poco más de atención a las mujeres casadas, a las que tienen hijos o a las mujeres jóvenes que están iniciando su adolescencia. Y la verdad es que Dios nos ha dado una familia donde las mujeres podemos aprender todas de todas, una familia multigeneracional.

## UNA IGLESIA MULTIGENERACIONAL

Nos basamos en la enseñanza del apóstol Pablo a Tito en el capítulo 2, cuando le dice:

*Pero tú habla lo que está de acuerdo con la sana doctrina. Que los ancianos sean sobrios, serios, prudentes, sanos en la*

*fe, en el amor, en la paciencia. Las ancianas asimismo sean reverentes en su porte; no calumniadoras, no esclavas del vino, maestras del bien; que enseñen a las mujeres jóvenes a amar a sus maridos y a sus hijos, a ser prudentes, castas, cuidadosas de su casa, buenas, sujetas a sus maridos, para que la palabra de Dios no sea blasfemada. Exhorta asimismo a los jóvenes a que sean prudentes; presentándote tú en todo como ejemplo de buenas obras; en la enseñanza mostrando integridad, seriedad, palabra sana e irreprochable, de modo que el adversario se avergüence, y no tenga nada malo que decir de vosotros.*
—Tito 2:1-8, RVR1960

El apóstol Pablo, inspirado por el Espíritu Santo, no dejó fuera a ninguno en cuanto a la enseñanza y a tomarlo en cuenta para ser discípulo. Todos los miembros de la iglesia necesitamos recibir enseñanza, la sana doctrina, para enseñar a otros a vivir de manera que honre y glorifique a Dios y entonces adornar el evangelio de Cristo. Es una bendición contar con diversas generaciones, edades, estados civiles, talentos y habilidades dentro de la congregación.

¿Qué sería de una iglesia sin ancianos, sin jóvenes, sin solteras maduras, sin mujeres que han pasado por un divorcio, por viudez, mujeres casadas con hijos, sin hijos y madres solteras?

La siguiente generación sufriría por la falta de enseñanza. ¿Por qué? Porque si pensamos por un momento en las mujeres que hoy están siendo discipuladas en la escuelita dominical, nos daremos cuenta de que ellas son quienes enseñarán a los hijos de nuestros hijos. ¿Qué estamos enseñando a esas mujercitas y a esos varoncitos?

Si pensamos en las mujeres solteras maduras, nos daremos cuenta de que ellas son quienes están enseñando a nuestros hijos también, son quienes están contra la cultura de hoy en día que grita a los cuatro vientos que la soltería es la mejor opción para vivir sin preocupaciones, que es mejor tener mascotas —a quienes llaman «perrijos»— que casarse y tener hijos con su esposo, que defiende la idea de que es mejor viajar y conocer el mundo (es decir, una vida centrada en el «yo» y en ser feliz respetando las ideas de los demás, porque no hay verdades absolutas).

Necesitamos a esas mujeres solteras mayores, que ven la vida desde otra perspectiva, que han sabido dejar de centrarse en sí mismas y han dependido de Dios en circunstancias que seguramente nosotras, las casadas, no hemos experimentado. Ellas tienen mucho qué enseñarnos a las casadas y a las solteras que recién comienzan a desear un varón como compañero, porque es muy probable que hayamos idealizado a ese varón y lo hayamos puesto por encima de todo, aun de Dios.

La mujer soltera, con el paso del tiempo y en su dependencia de Dios, sabe que un varón no nos da identidad, no nos hace mejores personas, no nos da un nombre. Todo eso lo recibimos de Dios, por gracia. Tenemos identidad gracias a Cristo, vamos creciendo cada día pareciéndonos más a Cristo a través del Espíritu Santo que mora en nosotras y tenemos un nombre, somos Sus hijas, a quienes Él formó, diseñó y apartó para que hiciéramos las buenas obras que Él ya había determinado para alabanza de Su nombre y por causa de la salvación que recibimos de Jesucristo.

Como ministerio, las necesitamos, nos necesitamos. Es una bendición cuando una mujer soltera madura muestra la paciencia en cuidar a nuestros hijos pequeños, su paciencia y dedicación en ayudar a las jóvenes a manejar las redes sociales con precaución y de manera que glorifique a Dios. Ellas han tenido el tiempo para prepararse y centrarse en aprender más acerca de Dios y Su Palabra, pueden deleitarse con total devoción en Dios y dar a otros lo que ellas han recibido al estar en Su presencia.

Es una realidad cuando la Palabra nos dice: «Y la mujer que no está casada y la doncella se preocupan por las cosas del Señor, para ser santas tanto en cuerpo como en espíritu; pero la casada se preocupa por las cosas del mundo, de cómo agradar a su marido» (1 Cor. 7:34, énfasis mío).

Además, creo fielmente que, en Su soberanía, Dios ha guardado a cada mujer que está soltera en la iglesia, sea joven o madura, para que ella se deleite en Él y comparta con otras mujeres esa entrega total al Señor, esa dependencia a Él, esa dedicación a Él sin distracciones.

## NOS NECESITAMOS COMO HERMANAS

¡Cuánto necesitamos todas las mujeres recordar que nuestro principal deseo es estar a los pies del Señor! Seamos solteras, casadas o viudas, jóvenes o maduras, Él es nuestro deleite y gran amor, pero debemos reconocer que cuando estamos casadas y tenemos hijos y nietos, casi de manera imperceptible podemos centrarnos más en ellos que en nuestro amoroso Dios, y necesitamos a una mujer a nuestro lado que nos redireccione cuando estemos poniendo a otros en el lugar que solo le corresponde a Dios.

Por ello es tan importante caminar juntas en la fe, estar dispuestas a ir hombro a hombro con las mujeres que conforman el cuerpo de Cristo. Nosotras, en el ministerio, podemos ver las necesidades que hay en cuanto al grupo en general, en cuanto a la iglesia. Sin embargo, es necesario que nos acerquemos a cada mujer y la conozcamos más, que conozcamos cuáles son sus luchas, sus anhelos, su disposición para servir y las áreas en las que pueden desarrollar sus dones y talentos.

No nos centremos solamente en las mujeres que tienen una familia bien estructurada, pues las mujeres solteras, divorciadas y viudas tienen mucho que enseñar a otras y mucho que aprender también para seguir transmitiendo el mensaje de Cristo a más y más personas.

Uno de los retos que tenemos como ministerio es despertar el interés de las solteras para unirse al ministerio de mujeres y comenzar a servir en él. Y es que, vuelvo y repito, le hemos dado tanto énfasis a la mujer casada, que la soltera puede llegar a sentir que no está capacitada para servir, lo cual, como hemos estado viendo, no es así.

Cada mujer tiene estampada la imagen de Dios. Cada mujer que está en la iglesia y muestra el carácter de Cristo y una vida que refleja que Dios la ha transformado tiene la oportunidad de servir. La iglesia necesita mujeres que reflejen el carácter bíblico, que posean las características que vemos a lo largo de la Biblia y que estén dispuestas a servir a otras mujeres a crecer en el conocimiento de Dios y vivir una vida que lo honre y lo glorifique.

Como mujeres maduras, podemos enseñar a las más jóvenes a rendirse a la presencia de Dios y comenzar una relación como nos enseña Tito 2:3-5 y vimos anteriormente. Pero creo también que nuestra labor es enseñar a las jóvenes solteras a relacionarse con otras jóvenes solteras que recién estén llegando a los pies de Cristo y a compartir con ellas su fe, su experiencia en su caminar con Cristo, y a animarlas a buscar al Señor.

Mira, para nosotras es sencillo abrir nuestro corazón y compartir nuestras luchas con otras hermanas mayores en la fe (aunque sean más jóvenes que nosotras), pero en ocasiones, las jovencitas sienten más confianza con sus coetáneas. Y si como ministerio de mujeres, preparamos bien a esas jóvenes solteras, ellas podrán ser quienes se acerquen en primera instancia a las recién nacidas en la fe y les muestren las bases y las disciplinas espirituales, sin olvidar que nosotras estamos orientándolas y dirigiéndolas también.

## EL DIVORCIO Y EL MINISTERIO A LAS MUJERES

En cuanto a las mujeres que han pasado por un divorcio y están solteras y dedicadas al Señor, son una bendición al cuerpo de Cristo. Ellas pueden enseñar a las mujeres más jóvenes a orar por sus esposos, dar consejos en cuanto a qué hacer y qué no hacer en el matrimonio (basándose siempre en la Palabra de Dios antes que en su experiencia personal) y dar consejos en cuanto a cómo crecer en piedad como nos instruye 1 Pedro 3:1-2: «Asimismo vosotras, mujeres, estad sujetas a vuestros maridos, de modo que si algunos de ellos son desobedientes a la palabra, puedan ser ganados sin palabra alguna por la conducta de sus mujeres al observar vuestra conducta casta y respetuosa».

¿Por qué menciono esto? Porque necesitamos recordar que Dios restaura corazones y transforma el carácter de las personas. Cuando aprendamos a *ser,* estaremos preparadas para *hacer* lo que Dios nos ha mandado. Si el carácter de una mujer que ha atravesado un divorcio en su proceso de arrepentimiento, perdón y restauración ha sido moldeado y transformado más a la semejanza de Cristo, ella puede enseñar a otras mujeres a seguir el modelo bíblico para su rol. Ellas pueden dar testimonio a otras mujeres del poder de Dios para transformación, para perdón y, sobre todo, de la gracia que Dios tiene para el pecador que se ha arrepentido y que lo busca.

## CONOCER LOS CORAZONES

Mientras más nos acerquemos a las mujeres de nuestra iglesia para conocerlas, mientras más oremos por ellas y con ellas, las conoceremos más y más. Nos podremos dar cuenta del gran regalo que es para la iglesia que haya mujeres de distintas edades, estados civiles, con diferentes gustos, dones y talentos para crecer juntas y compartir con otras acerca del evangelio de la gracia de Cristo.

Cuando Cristo nos dijo, en Mateo 28:19-20, «Id, pues, y haced discípulos de todas las naciones, bautizándolos en el nombre del Padre y del Hijo y del Espíritu Santo, enseñándoles a guardar todo lo que os he mandado; y he aquí, yo estoy con vosotros todos los días, hasta el fin del mundo», nos envió a todos aquellos que lo necesitan tanto como nosotras. A las mujeres que se sienten incapacitadas para realizar las labores que Dios pide, a aquellas que piensan que no tienen esperanza, que no hay oportunidad de servir a causa de su pecado, a las que han perdido la fe. También a las que están enfermas; es decir, a mujeres como tú y como yo.

Su estado civil no las define, no las incapacita para servir. Si Dios nos usa es a pesar de nosotras, solo por Su gracia y para gloria de Su nombre. Cada mujer que ha sido transformada puede servir en el lugar donde Dios la ha llamado, pues Él la capacitará para lograrlo, y es una bendición que nosotras, como iglesia, estemos cerca, viéndolas crecer, animándolas, exhortando y apoyando en su caminar, como seguramente alguien más hizo y lo sigue haciendo con nosotras.

Acompañemos a nuestras hermanas, seamos esas mujeres que caminan juntas, hermanas que lloran con las que lloran, que ríen con las que ríen. Hermanas que nos acompañamos en la crianza y la educación de nuestros hijos, en las oraciones por nuestros esposos, en el proceso de hijos inconversos y pródigos. Acompañemos a nuestras hermanas en el proceso de sus padres inconversos que se niegan a escuchar a sus hijos creyentes. Acompañemos a nuestras hermanas más jóvenes a vivir en santidad y a guardarse, ya sea que en los planes de Dios esté que se casen o que sigan solteras sirviéndolo a Él durante toda su vida.

Invirtamos en otras mujeres, en la enseñanza a ellas. Animemos a otras a servir a Dios independientemente de su estado civil, recordándoles la bondad de nuestro Señor y que solo en Él tenemos contentamiento, no necesitamos más. Hagamos del Salmo 16:11 nuestra oración y compartámoslo con nuestras hermanas también:

Me darás a conocer la senda de la vida; en tu presencia hay plenitud de gozo; en tu diestra, deleites para siempre.

Que así sea... ¡amén!

## Capítulo 12

# CÓMO INCLUIR EVANGELIZACIÓN Y DISCIPULADO EN EL MINISTERIO DE MUJERES

uando pensamos en un ministerio de mujeres, muchas veces vienen a nuestra mente ideas de qué hacer para ayudar a las que ya son parte de dicho grupo. Es muy fácil enfocarnos en temas relacionados con los diversos roles que desempeñamos: esposas, madres, abuelas, hijas, amigas, trabajadoras, etc. Y eso es realmente necesario si queremos aprender a vivir según el diseño de Dios. Sin embargo, no podemos perder de vista que todo ministerio de la iglesia tiene una misión común: compartir el evangelio y hacer discípulos. Todo lo demás debe girar alrededor de este objetivo.

Entonces, ¿cómo podemos incluir la evangelización como parte de la visión y la misión de nuestro ministerio de mujeres en la iglesia local? Tal vez debamos comenzar por abordar algunos mitos o ideas erróneas que tenemos sobre la evangelización.

## MITO N.° 1: ¡YO NO SIRVO PARA EVANGELIZAR!

Si nunca has dicho esta frase, es muy probable que al menos la hayas escuchado alguna vez. Es común en la iglesia. De alguna manera, hemos creído que para compartir el evangelio es necesario reunir una serie de cualidades que no todos tenemos. Pero si así fuera, entonces el mandato del Señor habría sido exclusivo y no inclusivo (es decir, para todos). Veamos Mateo 28:19: «Id, pues, y haced discípulos de todas las naciones».

Estas fueron palabras de Jesús a los discípulos en Su despedida, pero extensivas a todos los discípulos que vendrían después. Es lo que hoy conocemos como la «Gran Comisión» y nos incluye a todos. Llevar a cabo esta misión no requiere cualidades especiales, porque solo somos enviados, portadores de un mensaje, pero no responsables del resultado de la labor. ¡Eso está en manos de Dios! Creo que ahí radica en parte el asunto de no sentirnos capaces; creemos que el resultado depende de nuestra elocuencia o de nuestro conocimiento, cuando en realidad no se nos ha pedido a todos hablar frente a miles en un estadio, sino simplemente compartir el evangelio en nuestro círculo.

Sí, no cabe duda de que algunas personas tienen un llamado y un don especial para hacer la labor de evangelista. Es imposible no recordar a alguien como Pablo, en los tiempos bíblicos, o a Billy Graham en los tiempos modernos; de estos habla Efesios 4:11. Sin embargo, eso no nos exonera de cumplir con nuestra parte de hablar de Cristo a otros. Si Jesús dio el mandato para todos es porque todos podemos hacerlo, ¡y Él espera que lo hagamos!

## MITO N.º 2: TENGO QUE APRENDER UN MÉTODO

Soy de la generación en la que se usaban ciertos métodos para evangelizar. La característica común era que debíamos aprender los pasos del método, ya fuera con preguntas, ilustraciones, colores, afirmaciones, y luego encontrar a alguien dispuesto a escuchar e interactuar con nuestra exposición. Te confieso que eso siempre me intimidó, y creo que en cierto modo me hizo esquivar todo lo que tuviera que ver con evangelización dentro de mi iglesia local. Sinceramente, nunca he sido partidaria de que la evangelización sea una cuestión de talla única; es decir, no todo funciona igual para para todo el mundo.

Creer que necesitamos un método para evangelizar nos hace encasillar el mensaje de Cristo y, en muchos casos, aleja a las personas, porque muy rápido se dan cuenta de que estamos hablando de algo que memorizamos y no de un mensaje que creemos y hemos vivido.

Así que es un mito considerar que para evangelizar hace falta un método estructurado. Fíjate, no estoy diciendo que no debamos prepararnos, conocer el medio, la cultura, etc., ¡para nada! De hecho, si fueras como misionera a otro continente, como Asia, parte de tu entrenamiento para compartir el evangelio sería conocer la cultura y las costumbres, y cómo compartir las buenas nuevas en ese medio, porque la manera en que iniciamos un diálogo o una relación en nuestros países latinos es muy diferente a otros lugares. Pero, para hablar con tu vecina o compañera de trabajo, ¡no necesitas aprender cuatro pasos ni repetir ciertas fórmulas! El evangelio es algo orgánico, y de eso hablaremos más adelante.

Si consideramos el ejemplo de Jesús, veremos que, aunque el mensaje era el mismo, no lo compartía de la misma manera siempre. Habló con personas tan diferentes como Nicodemo, el joven rico y la mujer samaritana. Todos necesitaban el evangelio, pero sus mundos eran distintos y sus necesidades también. Es por eso que las fórmulas no funcionan. El mensaje nunca cambiará, pero el contexto sí; y por tanto, la manera en que lo compartamos.

## MITO N.° 3: ¿PARA QUÉ HABLAR, SI CON MI EJEMPLO ES SUFICIENTE?

¿Te resulta conocida esta pregunta? Creo que muchas veces la usamos como vía de escape, ya sea por temor o comodidad.

Es verdad que nuestra vida muchas veces es el anzuelo que atrae a las personas y da lugar a conversaciones, preguntas sobre lo que creemos, por qué lo creemos, y demás. De hecho, el mismo Jesús nos exhorta a vivir una vida que hable a otros de Él. Mira lo que dice Juan 17:20-21: «Mas no ruego solo por estos, sino también por los que han de creer en mí por la palabra de ellos, para que todos sean uno. Como tú, oh Padre, estás en mí y yo en ti, que también ellos estén en nosotros; *para que el mundo crea que tú me enviaste*» (énfasis mío).

Sin duda, nuestra vida debe ser un reflejo de nuestra fe. Sin embargo, el plan de Dios es que proclamemos Su mensaje. El ministerio terrenal de Jesús se enfocó en la predicación del evangelio dondequiera que iba. La iglesia primitiva se dio a la tarea de difundir el evangelio. Todo el tiempo, la palabra *predicar* estaba asociada a la vida cotidiana de los cristianos. De hecho, la Biblia nos dice que, si nosotros nos callamos, ¡las piedras hablarán! (Luc. 19:40). Y lo más importante, no queremos que la gente ni por un segundo se confunda y ponga sus ojos en nosotras. Tiene que quedarle claro que se trata de Cristo, de Su obra salvadora y transformadora, y para eso es necesario predicar, hablar del mensaje de Dios a través de Su Palabra.

Así que hemos visto que estos tres mitos a veces nos limitan en la tarea de la evangelización. ¿Cómo incorporamos entonces la evangelización a nuestro ministerio de mujeres? Veamos algunas ideas prácticas.

## FOMENTA UNA CULTURA
## EVANGELIZADORA

Piensa un momento en una reunión cualquiera del ministerio de mujeres al que estás vinculada. ¿Asisten personas nuevas a las reuniones? Si la respuesta es no, ahí tienes un punto de partida. Uno de los peligros del ministerio de mujeres es que se convierta en un círculo cerrado de mujeres de la iglesia. Por naturaleza, es más fácil así. Nos sentimos más cómodas. A fin de cuentas, ahí están nuestras amigas y podemos tratar temas de interés común.

Lamentablemente, un grupo así corre el riesgo de perder el enfoque y olvidar la misión a la que estamos primordialmente llamadas: compartir el evangelio.

¿Qué podemos hacer en este caso? Comenzar por enseñar esta verdad tan elemental a nuestro grupo. Quizás, si no se ha hecho hasta hoy, sea buena idea dedicar una reunión a hablar sobre qué es la evangelización y qué no es. Una vez que se han sentado las bases, podemos animar a las mujeres a invitar a sus amigas a venir a estas reuniones. Lo que funciona muy bien es crear algo así como «un día con amigas».

La idea es que cada participante traiga una invitada, preferiblemente alguien que no conoce a Cristo ni asiste a ninguna iglesia. Aunque la invitación por vía oral es fácil y rápida, hemos visto en la experiencia que una tarjeta provoca un impacto mayor. ¿Por qué? Primero, es un recordatorio. Segundo, le comunica a la otra persona que realmente nos interesa que participe, sobre todo si dicha tarjeta lleva un toque personal. En una ocasión, en nuestro grupo, decidimos hacer algo así. Cada una de las líderes confeccionó su propia tarjeta, nada complicado ni costoso, pero sí personal. ¡Fue todo un éxito con las invitadas!

Decidir invitar a otras mujeres que no forman parte de nuestra congregación es una forma sencilla de abrir la puerta al evangelio en sus vidas. Quizás no se sientan motivadas a asistir a un servicio regular de la iglesia, pero cuando les hablamos de una actividad diseñada especialmente para mujeres, las probabilidades de asistencia aumentan.

Ahora bien, si la respuesta a la primera pregunta fue un sí —es decir, sí asisten mujeres nuevas a las reuniones del ministerio femenil—, entonces debemos pensar en otro paso. ¿Qué hacemos una vez que ya llegan al grupo? ¿Cómo usamos la herramienta de la evangelización?

Para ayudarnos a identificar quiénes son nuevas en la reunión —en especial, si es un grupo más grande—, es bueno usar rompehielos que brinden esa oportunidad. Según la manera en que se celebren las reuniones, se pueden preparar actividades que ayuden con ese objetivo, ya sea por mesas, por grupos pequeños o el grupo en general. Saber quién está de visita es el primer paso para luego ser intencionales en acercarnos a esa persona, conversar con ella y, si lo permite, tomar sus datos para establecer el contacto y así comenzar una relación.

Algo a considerar es lo siguiente: ¡nunca podemos suponer que cada mujer sentada allí ya es cristiana! El programa debe incluir la presentación del evangelio de una manera u otra. Es importante que aclaremos esto a la persona encargada de la enseñanza. En realidad, no importa cuál sea el tema a impartir, siempre podemos hablar de las buenas nuevas de Cristo.

Poco a poco, esto se irá haciendo más natural en las integrantes del grupo, de modo que lo que al comienzo era una práctica «especial» ahora sale natural. Por supuesto, la creatividad femenina aquí tiene mucha tela por dónde cortar y las posibilidades son infinitas.

## LA EVANGELIZACIÓN MÁS ALLÁ DE LAS REUNIONES

Como parte de hacer del ministerio de mujeres algo que vaya más allá de una reunión mensual, quincenal o según la tengan programada en tu grupo, podemos considerar ampliar el territorio. ¿Qué quiero decir? Muchas veces, las mujeres participamos de labores como visitas a hogares de ancianos o de niños, por ejemplo, pero en la mayoría de los casos estas visitas tienen más intención social y de ayuda material. Nada de malo en ello, ¡al contrario, es necesario! Sin embargo, ¿qué tal si pensamos en usar cada oportunidad como una «misión evangelizadora»? Quizás no sea posible una reunión organizada para predicar, pero siempre hay oportunidades individuales, especialmente cuando se van estableciendo relaciones.

Como mencioné antes, la evangelización es algo orgánico; es decir, ocurre de manera natural. A medida que visitamos estos lugares y vamos conociendo a las personas, se nos hace más fácil dialogar, compartir experiencias y así hablar de Cristo como lo que nos motiva a llegar hasta ese lugar.

¿Recuerdas lo que mencionamos sobre tomar los datos de las personas nuevas? Eso es importante para llevar la evangelización más allá de la reunión. Con esa información, podemos pedir a mujeres de nuestro grupo, ya maduras en la fe, que contacten a alguna de esas mujeres que visitaron. Tal vez puedan invitarla a un café o un refresco, para comenzar a establecer la relación. No es necesario predicarle el evangelio esa primera vez, ni siquiera la segunda o la tercera. Veamos a la persona como lo que es: una persona con sus propias luchas, preguntas y problemas; no como un proyecto. Más de una oportunidad de hablar de Cristo se ha perdido porque no actuamos con sabiduría y prudencia. De nuevo, la evangelización es algo orgánico, natural, y a medida que la relación crezca, crecerán las oportunidades.

Algo importante: no dejemos de orar por cada una de esas mujeres con las que ahora estamos relacionándonos, que el Señor obre en sus corazones y abra sus ojos a la luz de Cristo.

Así que ya dimos el primer paso, comenzar a pensar con mentalidad evangelizadora. Pero no podemos quedarnos allí. Si recordamos el versículo del principio, no solo se nos manda a predicar; hay otro paso más en la cadena: el discipulado.

## EL DISCIPULADO COMO PARTE DEL MINISTERIO DE MUJERES

El pasaje de Mateo que citamos al comienzo continúa diciendo: «Id, pues, y haced discípulos de todas las naciones [...] enseñándoles a guardar todo lo que os he mandado» (Mat. 28:19-20).

¿Qué es un discípulo? Entender esa pregunta nos ayudará a tener la estrategia correcta para incorporar a nuestro ministerio de mujeres. Dicho de manera sencilla, un discípulo es alguien que sigue a otro, para aprender. En tiempos antiguos, el discípulo no solo aprendía de manera formal, en un marco académico, sino que literalmente seguía a su maestro a cualquier lugar, para formarse.

Si lo traemos a nuestra realidad dentro del ministerio de mujeres, podemos considerar no solo el discipulado como un programa o una clase, sino como parte de la vida del grupo. Es importante recordar que esas mujeres que son el resultado de la estrategia evangelizadora ahora necesitan comenzar a aprender de Cristo, a estudiar la Biblia, ¡y solas es muy difícil!

Una manera práctica de hacer esto es invitarlas a ser parte de un estudio bíblico. Podría ser en un grupo para nuevas creyentes donde todas estarán dando sus primeros pasos y no se sentirán intimidadas por lo desconocido. Recordemos que quizás nunca hayan sido parte de algo así. Es crucial crear un ambiente donde sepan que las preguntas son bien recibidas, que no hay problema si no entienden algo o si no saben cómo buscar en la Biblia. Quien enseñe debe hacerlo con amorosa disposición y paciencia.

El discipulado también puede hacerse en un marco más pequeño, de uno a uno. Es bueno tener un grupo de mujeres preparado para asumir esta tarea; mujeres que previamente hayan sido entrenadas en cómo estudiar la Biblia y ahora pueden enseñarlo a otras. No es necesario que sea todos los días, ni muchas horas. El tiempo puede programarse de manera que funcione para ambas y sea productivo.

En todos los casos, es crucial que recordemos no dar nada por sentado, sino partir de cero. No nos sintamos intimidadas por la idea de explicar doctrinas o teología bíblica. Si no ponemos un cimiento firme, cuando los vientos vengan, la casa se caerá.

Estas son maneras formales de llevar a cabo el discipulado. Sin embargo, como decía al principio, un verdadero discípulo se forma al relacionarse con su maestro en todo tipo de contexto. Cuando alguien comienza a caminar con Cristo, las preguntas «llueven», y es bueno que estemos disponibles para invitar a esa nueva discípula a simplemente conversar, escuchar sus preguntas, y compartir con ella nuestra vida. Otra vez, un tiempo juntas puede marcar toda la diferencia.

¿Qué nos enseña Tito 2:3-4? «Asimismo, las ancianas deben ser reverentes en su conducta: no calumniadoras ni esclavas de mucho vino, que enseñen lo bueno, *que enseñen a las jóvenes* a que amen a sus maridos, a que amen a sus hijos» (énfasis mío).

El original se refiere simplemente a mujeres mayores, y siempre seremos mayor que alguien, así que la idea es que sirvamos de mentoras. El mejor discipulado es ese, tener una mentalidad de mentora, entender que estoy enseñando, ayudando a alguien que después hará lo mismo con alguien más. Agradezco a Dios por las mentoras que ha puesto en mi vida; personas que cuando yo era muy joven se tomaron el tiempo de conversar conmigo, escuchar mis inquietudes, responder a mis preguntas, orar conmigo y por mí. Al mismo tiempo, yo aprendía de ellas, las observaba y, en lo secreto de mi corazón, anhelaba poder un día hacer lo mismo. Eso fue discipulado de uno a uno, en lo cotidiano.

Como mujeres, nos resulta un tanto difícil abrir la puerta de nuestro hogar, porque nos preocupa si no está todo en absoluto orden, si no tenemos una deliciosa cena o una decoración de revista. Créeme que lo entiendo, pero ¿sabes?, la mayoría de las personas no andan en búsqueda de perfección, sino de relación. Una manera de hacer discipulado es invitar a esas otras mujeres a nuestra casa y compartir con ellas. No tiene por qué ser nada formal, ni siquiera implica necesariamente que abramos la Biblia desde la primera vez. Es el solo hecho de dejarlas ser parte de nuestra vida y ver cómo Cristo cambia un hogar, lo cual podría motivarlas a querer conocer más.

Si consideramos el ejemplo de Jesús, así ocurrió gran parte de la formación de Sus discípulos. Ellos lo seguían a todas partes, lo observaban, escuchaban Sus conversaciones, Su manera de enseñar, veían Su carácter, Sus reacciones. Durante tres años lo hicieron, y cuando el tiempo terminó, ya estaban listos. Entonces, los discípulos se convirtieron en maestros.

De eso se trata, es una cadena. Aunque en realidad siempre estaremos aprendiendo, y de este lado de la eternidad nunca podremos graduarnos por completo en la escuela del discipulado, debemos tener esa mentalidad. Y eso se aplica en el ámbito personal y como ministerio. Si queremos ser fieles al llamado de la Gran Comisión, la evangelización y el discipulado son parte de nuestra esencia como ministerio de mujeres. Y si anhelamos que ese ministerio transpire vida, no podemos dejar de lado este llamado.

# Capítulo 13

# LA BENDICIÓN DE LAS REDES SOCIALES

Si este libro se hubiera escrito en enero de 2004, no habría incluido este capítulo. ¿Por qué? Porque ni siquiera Facebook había iniciado; lo hizo en febrero de ese mismo año, seguido de Twitter, dos años y un mes más tarde (2006). Instagram vería la luz cuatro años después, en 2010. Para apreciar la magnitud de este fenómeno, veamos algunos datos disponibles en diferentes sitios en internet:

a) Cada día, más de 3000 millones de personas se conectan a las redes sociales;

b) Entre ellas, en 2018, cerca de 2000 millones eran usuarios activos de Facebook; mientras que Twitter tenía más de 300 millones (de los cuales unos 100 millones lo usaban diariamente); e Instagram, 800 millones, con unos 500 millones de usuarios diarios.

c) Alrededor del 70% de los usuarios activos en Facebook son mujeres; en Twitter, más del 20% y en Instagram, más del 60%.

d) En ese grupo de mujeres, la edad de la mayoría oscila entre 18 y 29 años; en segundo lugar, entre 30 y 49. Los sigue la generación de los *baby boomers*, en tercer lugar.

e) Se estima que el promedio de publicaciones de artículos en blogs supera los siete millones al mes. Mientras que, diariamente, se comparten más de 3000 millones de imágenes.

f) El promedio de tiempo diario de uso de las redes sociales es cerca de dos horas y media; si consideras que es una cantidad moderada de horas, ¡multiplícalas por la cantidad de usuarios mencionada más arriba! Impresionante, ¿verdad?

Antes de abrumarnos con tantos números, hagamos un alto para poner la mira en las cosas de arriba, para ver que no se trata simplemente de cifras sino de vidas, de corazones y de almas a quienes podemos alcanzar con el bendito, poderoso y eterno mensaje del evangelio:

a) Jovencitas desorientadas;

b) Universitarias bombardeadas por las ideologías de la cultura en franca contradicción con la Palabra;

c) Recién casadas que necesitan conocer cómo el evangelio impacta su matrimonio;

d) Madres jóvenes que precisan dirección para moldear el corazón de sus hijos con la Palabra, y que quizás se enfrentan a esa ardua tarea solas;

e) Otras que recién han enviudado y no saben cómo lidiar con esa pérdida;

f) Muchas con el nido vacío, que viven una edad dorada que más bien podría llamarse una «edad opaca» porque no tiene brillo alguno. Están solas, cansadas, enfermas, agotadas... temerosas de que pueda estar acercándose «aquel día».

Cada una está allí inmersa en su celular, en su tableta o frente a su computadora portátil, indagando en los buscadores en internet para ver si encuentran una salida a sus inquietudes, a su incertidumbre, a su vacío. Muchas no conocen la Palabra, y aunque un buen número sí la conoce, desafortunadamente no sabe cómo aplicarla a la cotidianidad de su vida. Y, lamentablemente, las respuestas que consiguen no hacen más que confundirlas al exponerse a tantas mentiras que se publican, sin que ellas siquiera se den cuenta de que han caído presas del engaño. Necesitan conocer la historia —la historia de Cristo—; la que nosotras podemos (¡y debemos!) contarles.

¿Este panorama no te hace pensar en que también haría llorar a Jesús, como sucedió con la ciudad de Jerusalén? «Cuando se acercó, al ver la ciudad, lloró sobre ella, diciendo: ¡Si tú también hubieras sabido en este día lo que conduce a la paz! Pero ahora está oculto a tus ojos» (Luc. 19:41-42).

Las redes sociales constituyen un gran campo misionero donde somos llamadas a esparcir la semilla de Su Palabra, pero al mismo tiempo es un gran reto. Debemos competir con un sinnúmero de publicaciones diarias por lo que, si no tenemos un plan y estrategias bien definidos, podríamos morir en el intento. Nuestro primer plan y principal estrategia es la oración, pedir la sabiduría y la dirección de Dios para que nuestras redes no se queden vacías como las de Pedro cuando se pasó la noche sin pescar nada, pero al recibir Su instrucción, las redes rebosaron de peces:

> Cuando terminó de hablar, dijo a Simón: Sal a la parte más profunda y echad vuestras redes para pescar. Respondiendo Simón, dijo: Maestro, hemos estado trabajando toda la noche y no hemos pescado nada, pero porque tú lo pides, echaré las redes. Y cuando lo hicieron, encerraron una gran cantidad de peces, de modo que sus redes se rompían; entonces hicieron señas a sus compañeros que estaban en la otra barca para que vinieran a ayudarlos. Y vinieron y llenaron ambas barcas, de tal manera que se hundían.
> —Lucas 5:4-7

Además, para hacer un uso sabio de las redes que resulte en gloria a Su nombre y la bendición de Sus hijas, necesitamos ser como los hijos de Isacar (1 Crón. 12:32) quienes eran «expertos en discernir los tiempos», para que sepamos cómo actuar y no dediquemos horas y esfuerzo sin un propósito ni metas claros sobre qué hacer, cómo hacerlo y, sobre todo, para qué hacerlo. Esto nos evitaría dar palos a ciegas que al final no redunden en fruto para la gloria de Dios y que, por ende, solamente nos dejan exhaustas y drenadas.

Catherine Scheraldi de Núñez —la directora de nuestro ministerio de mujeres— me comentó que al leer las estadísticas en el artículo de la serie que dio lugar a este libro, vinieron a su mente las palabras de Jesús en Juan 14:12: «En verdad, en verdad os digo: el que cree en mí, las obras que yo hago, él las hará también; y aun mayores que éstas hará, porque yo voy al Padre». Al pensar en que cuando Él se dirigía a Sus doce discípulos o a 500 personas, el mundo fue cambiado y transformado, esto la llevó a reflexionar en todo lo que el Señor puede hacer con estos asombrosos números de las redes, las cuales, penosamente, suele usar el mundo y sus distorsiones de la verdad (Sant. 3:15). Sin embargo, los cristianos podemos reformar las redes con la Palabra de Dios.

¿Te imaginas a los apóstoles con esta herramienta? Muchas veces me he preguntado qué haría Pablo con una página de Facebook o una cuenta de Twitter, pues si con las precariedades de la comunicación de su época nos dejó una gran parte del Nuevo Testamento, ¡qué no haría con estas herramientas!

Sin duda, las redes sociales han transformado no solo la comunicación sino también la manera de ejercer un ministerio. Recuerdo mis primeros tiempos de servicio en el ministerio de mujeres, donde nuestra gran «red social» para anunciar los eventos en la iglesia eran unos pequeños dramas que se presentaban en los tiempos de anuncios en medio del culto, o unos murales que decorábamos a la entrada de la iglesia donde colocábamos los carteles impresos con alguna imagen llamativa, muchas veces seguidos de llamadas telefónicas de recordatorio o mensajes de texto… y más adelante, ¡llegó el correo electrónico!

Así seguimos avanzando hasta encontrarnos hoy frente a esta oportunidad sin precedentes: ¡las redes sociales! Debemos definir su uso —al igual que todo plan del ministerio de mujeres— en dependencia del Señor, en oración, buscando consejo, recordando lo que nos dice Proverbios: «Sin consulta, los planes se frustran, pero con muchos consejeros, triunfan» (15:22); «Muchos son los planes en el corazón del hombre, mas el consejo del Señor permanecerá» (19:21).

A continuación, verás algunas preguntas para evaluar el uso de las redes sociales y usarlas con sabiduría:

a) ¿El uso de las redes sociales concuerda con la visión y la misión de nuestra iglesia?

b) Si la respuesta es afirmativa, ¿nos proyectaremos hacia las mujeres fuera de la iglesia, o solo como el medio de comunicación del ministerio a lo interno de la iglesia?

c) ¿Cuál (o cuáles) redes usaremos?

d) ¿Con qué frecuencia publicaremos?

e) ¿Contamos con el apoyo del equipo de medios de comunicación de la iglesia? ¿O necesitaremos conformar un equipo exclusivo de medios para el ministerio? ¿Con quiénes contamos? ¿Se tratará de un cuerpo de voluntarias, de personal contratado?

f) ¿Quién estará a cargo de coordinar las estrategias digitales? ¿Personal voluntario o contratado? ¿A tiempo parcial o jornada completa?

g) ¿Cuál es la fuente del contenido que publicaremos: las hermanas de la iglesia? ¿Cuáles serán los requisitos para que sirvan en el ministerio? ¿Qué grado de conocimiento teológico se requerirá? ¿Y qué etapa de la vida familiar?

h) ¿Contamos con autorización para traducir recursos de algún ministerio de doctrina sólida que sirva de complemento para momentos en que, por cualquier razón, se retrasen los escritos a publicar (¡sí, esto suele ocurrir!)?

i) ¿Podríamos usar para trabajar con las mujeres el material de sermones o estudios bíblicos impartidos en la iglesia?

j) ¿Serán nuestras redes complementarias o dependientes de las de la iglesia? ¿Tendremos redes independientes?

k) ¿Se transmitirán en Facebook Live los eventos del ministerio?

l) ¿Contamos con los recursos para que dichos eventos puedan subirse a YouTube y permanecer allí para que más adelante puedan seguir edificando a otras?

m) ¿Cuáles serán las estrategias en relación a las respuestas que demandan las seguidoras del ministerio en las redes sociales que no son miembros de nuestra iglesia (a nivel regional, nacional y hasta mundial)?

n) ¿Cómo definimos la línea gráfica del arte que se subirá a las redes?

o) ¿Tenemos acceso a imágenes que se puedan utilizar respetando los derechos de autor?

A manera de síntesis, presentamos las respuestas a algunas de estas preguntas:

1. **El uso de las redes por la iglesia local:** Prácticamente en cada uno de los capítulos de este libro, las autoras han mencionado que el ministerio de mujeres *a la*

*manera de Dios* es uno que debe estar bajo la autoridad de los pastores de la iglesia local, y el uso de las redes sociales no constituye la excepción.

Por lo tanto, estas deben identificarse como parte de aquellas de su iglesia local; es decir, deben estar bajo su sombrilla. Entonces es posible que, si la iglesia todavía no se ha integrado a las redes, no sea aún el tiempo de que el ministerio de mujeres lo haga.

Aunque las redes bien usadas puedan ser de bendición para las mujeres, debemos tener en claro que no son lo esencial para un ministerio fructífero. Colosenses 1:6 nos recuerda cuál es la semilla que no debe faltar en nuestro ministerio y que nos ayudará a llevar fruto:

> Esa misma Buena Noticia que llegó a ustedes ahora corre por todo el mundo. Da fruto en todas partes mediante el cambio de vida que produce, así como les cambió la vida a ustedes desde el día que oyeron y entendieron por primera vez la verdad de la maravillosa gracia de Dios. (NTV)

Aunque el ministerio de mujeres no cuente con redes sociales, lo fundamental es que las mujeres se nutran de Su Palabra, que aprendan a vivir el evangelio conforme al diseño de Dios para sus vidas, de manera práctica.

2. **Determinar la necesidad de crear un equipo de medios de comunicación para el ministerio de mujeres:** Una vez obtenida la autorización eclesial para crear las redes sociales del ministerio, deberá determinarse

si será necesario crear un equipo dedicado a estas o si se realizarán estrategias conjuntas con el equipo de medios de la iglesia, para saber si se precisará un grupo de voluntarias o si se tratará de personal contratado. En cualquier caso, deben definirse y asignarse las tareas, tanto para contenido gráfico como escrito, tomando en cuenta que se requerirá contar con quienes puedan realizar diseño gráfico, por un lado; y por el otro, la creación, asignación y edición de artículos (en este último caso no solo desde el punto de vista de estilo sino más especialmente, teológico). Y claro está, es necesario definir quiénes serán las escritoras.

Según el alcance y la frecuencia de las publicaciones, el equipo podría estar conformado por una coordinadora general, la cual se encargaría, entre otras cosas, de las siguientes:

a) Definir los temas sobre los cuales se escribirá en un periodo determinado;

b) Programar las fechas de publicación de dichos artículos;

c) Asignar los artículos a las hermanas que colaboren escribiendo; dar seguimiento a su entrega en los plazos calendarizados;

d) Revisar y editar los artículos desde el punto de vista estilístico, ortográfico y teológico;

e) Suministrar a los diseñadores gráficos las frases que utilizarán para el arte;

f) Revisar las piezas artísticas, previo a su publicación.

Estas funciones de la coordinadora pueden ser distribuidas entre otras integrantes, dependiendo de la conformación del equipo. Por ejemplo, durante un tiempo, tuvimos varias gestoras de contenido que se encargaban de formar grupos de escritoras según el tema de sus artículos (crianza, matrimonio, etc.). Dichas gestoras daban seguimiento a las autoras y entregaban el artículo a la coordinadora (o editora) general para que procediera con su revisión y preparación, a fin de publicarlo en la página y las redes.

También, todo lo relacionado con el diseño gráfico podría ser responsabilidad de otra persona con experiencia en publicidad y mercadeo (de ser posible).

Es vital que tanto las autoras como las diseñadoras gráficas cuenten con lineamientos que les sirvan de guía sobre qué hacer, cómo hacerlo, cuándo hacerlo, por qué y para qué se hace. Estos sirven de guía tanto a las autoras como a las diseñadoras gráficas para lograr cierto grado de homogeneidad en las imágenes y los artículos, logrando que se comunique una sola línea gráfica mediante el uso de las tonalidades o la tipografía, o que en los artículos se utilice una determinada versión de la Biblia, etc.

Desde el lanzamiento de las redes sociales de nuestro ministerio, Dios nos dio la gracia de contar con múltiples colaboradoras que se unieron como voluntarias en las diversas áreas. En ese momento, teníamos un menor grado de integración al equipo de medios de la iglesia, pero luego fuimos dirigidas a centralizar las tareas en personal contratado a tiempo completo y a aunar los esfuerzos con dicho equipo de nuestra iglesia; así se ha evitado duplicidad de esfuerzos, a la vez que se ha logrado elaborar estrategias conjuntas.

Aunque se requieren determinados talentos para estas labores, no olvidemos que los mismos principios esbozados en el capítulo sobre quiénes deben conformar el equipo y el carácter de una líder aplican *mutatis mutandis* para quienes formen parte del equipo de medios, pues, al final, no se trata de estrategias, de diseños gráficos ni de estilo literario, sino de un servicio para la obra de Dios.

Es muy importante que quien funja como coordinadora (o editora general) tenga un conocimiento profundo de Su Palabra, de la sana doctrina y que comparta los valores y la filosofía de la iglesia, ya que las redes sociales se convierten en la cara del ministerio y de la iglesia.

Pues así como en un cuerpo tenemos muchos miembros, pero no todos los miembros tienen la misma función, así nosotros, que somos muchos, somos un cuerpo en Cristo e individualmente miembros los unos de los otros. Pero teniendo dones que difieren, según la gracia que nos ha sido dada, usémoslos… —Romanos 12:4-6

Dios, de su gran variedad de dones espirituales, les ha dado un don a cada uno de ustedes. Úsenlos bien para servirse los unos a los otros. —1 Pedro 4:10, NTV

Es mejor ser dos que uno, porque ambos pueden ayudarse mutuamente a lograr el éxito. —Eclesiastés 4:9, NTV

3. **La creación de perfiles:** Resueltas las descripciones y asignaciones de tareas, queda por definir cuáles redes se

utilizarán, pues el promedio de edad de las seguidoras varía en cada red. Las más jóvenes, están en Instagram; las más adultas, en Facebook; de allí la importancia de utilizar diversas redes para abarcar un público más amplio (no por el simple hecho de tener más seguidoras, sino para el avance del reino de Dios). Además, es recomendable tener un blog dentro de la página de la iglesia donde las mujeres puedan tener acceso en cualquier momento a los artículos publicados.

En iglesias nuevas o pequeñas, puede ser suficiente iniciar con grupos privados de Facebook o grupos de mensajería de WhatsApp donde se puedan compartir actividades del ministerio y motivos de oración, entre otros. Esto permitirá ir conociéndose, así como identificar los dones que serán útiles cuando se cree el perfil público. Poco a poco, podrían ir abriéndose las distintas redes, de acuerdo con la manera en que el Señor vaya dirigiendo según el crecimiento del ministerio y los cambios que puedan surgir en la misión y la visión de la iglesia.

Hay un tiempo […] de plantar, y tiempo de arrancar lo plantado. —Eclesiastés 3:2

4. **La frecuencia de las publicaciones:** Esta dependerá de la cantidad de colaboradoras con la que se cuente, debiendo aumentar en proporción a su número y la propia demanda de las seguidoras. Es sabio iniciar con una frecuencia menor de publicaciones, en lugar

de asumir compromisos de publicaciones diarias que luego no se puedan honrar, pues esto resta credibilidad y refleja falta de orden ante las seguidoras, lo cual no glorifica a Dios.

Al principio, cometimos el error de iniciar con publicaciones diarias, algo para lo cual realmente no estábamos preparadas, tanto en lo relativo a la cantidad de autoras, de diseñadoras y de editoras. Además, salvo por alguien que nos ayudó para el lanzamiento pero que luego no pudo continuar, ninguna de nosotras era profesional en publicidad, mercadeo ni nada similar, por lo que no contábamos con la experiencia ni los recursos para llevar a cabo la planificación adecuada. Por eso, en numerosas ocasiones llegaban las fechas y no teníamos artículos para publicar, o estos llegaban a última hora y debíamos acelerar el proceso para no quedarnos sin publicaciones. Como era de esperarse, ocurrían errores tanto en contenido como en los diseños, confusión y caos «detrás del telón».

Juntamente con el cambio hacia la unificación de los esfuerzos con el equipo de medios de la iglesia y la posibilidad de contar con personal a tiempo completo dedicado a estas tareas, se redujo la frecuencia de las publicaciones, lo que ha permitido una mejor planificación en todas las áreas.

A pesar de que no éramos profesionales en la materia y mucho menos las coordinadoras perfectas, pudimos ver la gracia del Señor por encima de nuestras debilidades, haciendo que Su mensaje se extendiera prácticamente por toda Latinoamérica, mientras que en cada retraso o error, Él seguía haciendo Su obra en cada una de nosotras. Por tanto, si cuentan con la aprobación de sus pastores y un grupo de hermanas dispuestas a colaborar, con la debida planificación, no tengan miedo de «lanzar las redes en Su nombre».

5. **No fomentemos el «clictianismo»:** Las redes sociales no sustituyen el tiempo devocional, el estudio personal de la Biblia, la congregación, el ministerio de mujeres ni la iglesia local, tanto para quienes sirvamos en ese ministerio como para nuestras seguidoras.

Tengamos cuidado de no fomentar la adicción a las redes ni el «cristianismo virtual» o «clictianismo», como se llama en algunos círculos a la creciente tendencia (sobre todo en jóvenes) de pensar que por darle clic a artículos en las redes ya estamos creciendo en la fe.

Por el contrario, en todo momento estimulemos a las seguidoras a formar parte de una iglesia local para su crecimiento. De hecho, aunque tengamos hermanas que se dediquen a responder solicitudes de consejos u orientación por parte de las seguidoras, es sabio siempre motivarlas a que busquen ayuda en su iglesia local, con sus pastores, sus líderes y hermanas piadosas que puedan mentorizarlas dentro de su iglesia.

> ... no dejando de congregarnos, como algunos tienen por costumbre, sino exhortándonos unos a otros...
> —Hebreos 10:25

6. **El contenido:** Aunque parezca obvio, debemos asegurarnos de que las publicaciones contribuyan a la madurez cristiana de las seguidoras, llevándolas a la Palabra

y enfocándolas en Cristo, enseñándoles cómo vivir el evangelio y cuál es su diseño como mujeres.

Así mismo, debemos enfocarnos en lograr que las mujeres de nuestra iglesia sientan que son parte de las redes, que ese material que está allí les pertenece, de manera que se sientan motivadas a compartirlos con otras.

No quiero terminar sin antes parafrasear 1 Corintios 10:31: «Ya sea que diseñemos, escribamos o publiquemos, hagamos todo para la gloria de Dios».